JN110447

こんなに面白い！ らくらく理解できる！

新版 ● 英語対訳で読む日本史の有名人

中西康裕 Yasuhiro Nakanishi 監修

Gregory Patton 英文監訳

JIPPI
Compact

実業之日本社

PREFACE

The purpose of this book is to read about famous people in Japanese history in simple English.

The English part of this book is written with simple words and easy grammar so that you can understand with ease what famous people did in Japanese history. Readers who studied English in junior high school will enjoy reading this book with the help of the translations between lines.

In this book, every English and Japanese sentence is numbered. Therefore, when you have difficulty in reading the English sentences, you can find their Japanese translation in no time.

Most of us, Japanese people, think we are not good at English. One of the reasons for this is that we always think, "We have to use perfect English like native speakers of English." Think about this, however. In our everyday life, do we always use perfect Japanese when we speak or write it? When we speak and write English, we don't have to be so perfect. Don't you agree?

Of course, this is not an academic book. If I used more difficult words and grammar, I could write more perfectly about famous people in Japanese history. However, I didn't do so. What I want you to do is to read English which is understood by native speakers, but which is not so difficult: with familiar words and familiar grammar.

There is only written English in this book, but I want you to try and speak English using the words and phrases from this book. You should be able to make yourself understood in English with those simple words and easy grammar.

I'd like to express my thanks to the supervising editor, Prof. Nakanishi Yasuhiro and Mr. Gregory Patton for this book, and also give big thanks to the president of MYPLAN, Mr. Niwa Shinki, who planned this book, Mr. Ogino Mamoru of Office ON, who fostered this book, and Mr. Shirato Sho of Jitsugyo no Nihon Sha, Ltd.

Mori Satoshi

はじめに

　本書は日本の歴史上の有名人について平易な英語で読むための本です。

　日本の歴史において有名人が成しとげたことを平易な英語で読むことができるようにしてあり、本書も初歩的な単語と文法を使って書かれています。行間の訳を参考にすると、中学生レベルの英語力があれば楽しんで読み進めることができるでしょう。

　また、英文と日本文の両方に番号を振ってあり、英文を読んでいてわからないところが出てきたときに、対応する日本文をすぐに見つけることができるようになっています。

　私たち日本人の多くは常に英語に苦手意識を持っています。その原因の一つは「ネイティブのような完璧な英語を使わなければならない」という思い込みだと思います。でも、考えてみてください。日常、私たち日本人が日本語で話したり、書いたりするとき、いつもそんなに完璧な日本語を使っていますか？　英語を話したり、書いたりするときもそんなに完璧である必要はないでしょう。そう思いませんか。

　本書は学術書ではありません。もっと難しい単語や文法を使えば、日本の歴史上の有名人について完璧な英文で書くことができたでしょう。そうではなく、親しみのある単語、親しみのある文法を使った「伝わる英語」を読んでいただきたいのです。

　ここにあるのは書かれた英語のみですが、読者の方々には、ぜひ、これを参考にして英語で発信していただきたいと思っております。平易な単語でも言いたいことは十分に伝わるのです。

　監修をしてくださった中西康裕先生、Gregory Patton 先生にこの場を借りてお礼を申し上げます。また、この本の生みの親であるマイプラン丹羽眞生社長、育ての親であるオフィス ON の荻野守さん、そして、実業之日本社の白戸翔さんに心から感謝いたします。

森　智史

装幀／杉本欣右
本文まんが／あおむら純＋笹森識
ＤＴＰ／サッシイ・ファム＋千秋社
日本文執筆／マイプラン社会チーム
英文執筆・監訳／Gregory Patton＋Andrew McAllister
編集／森智史＋マイプラン
編集協力／荻野守(オフィスＯＮ)

Contents

もくじ

The Famous People from the Yayoi Period to the Heian Period
弥生時代から平安時代までの有名人

Chapter2 The Famous People from the Kamakura Period to the Azuchi-Momoyama Period
鎌倉時代から安土桃山時代までの有名人

Chapter3 The Famous People in the Edo Period

江戸時代の有名人

Chapter**4**	The Famous People from the Meiji Period to the Showa Period
	明治時代から昭和時代までの有名人

Chapter 1

The Famous People from the Yayoi Period to the Heian Period

第1章

弥生時代から平安時代までの有名人

The Main Events and the Key People from the Yayoi Period to the Heian Period

① The name of Queen *Himiko* of *Yamatai* state is the
女王卑弥呼　　　　邪馬台国
oldest Japanese female name written in history books.
女性の　　　～に書かれた　歴史書

② It is thought that, from the time of *Yamatai* state,
～と考えられている
small states came into being around the country and
小さな国　　　現れた
they made the *Yamato* Court.
大和朝廷

③ Prince *Shotoku* became the regent (the post which
聖徳太子　　　　　　　摂政　　　　地位
rules the country instead of a ruler who is too young) of
～を治める　　　～のかわりに　支配者
Empress *Suiko* in 593, and he formed a system of the
推古天皇　　　　　　　　　　～を整えた　国家のしくみ
state with *Soga-no-Umako*. ④ After Prince *Shotoku* died,
蘇我馬子
the *Soga* family took the helm of the government. ⑤ In
蘇我氏　　　政治の実権を握った
645, Prince *Naka-no-oe* (later, Emperor *Tenji*) and
中大兄皇子　　　　　　のちの　天智天皇
Nakatomi-no-Kamatari defeated the *Soga* family, and
中臣鎌足　　　　　～を倒した
the Reformation of *Taika* was carried out.
大化の改新　　　　　行なわれた

⑥ After Emperor *Tenji* died, the *Jinshin* Disturbance
壬申の乱
broke out for the succession to the throne. ⑦ Prince
起こった　　皇位の継承をめぐって　　　　　　大海人皇子

12

Oama, who won the battle, became Emperor *Tenmu*.
戦いに勝った 天武天皇
⑧ In 701, the *Taiho* Code was enacted and the *Heijo*
大宝律令 ～が制定された 平城京
capital (*Nara*) was built in 710. ⑨ Emperor *Shomu*, who
建設された 聖武天皇
became the emperor in 724, tried to rule the country
国を治める
with the help of Buddhism.
仏教によって

弥生時代から平安時代までの 主な出来事と人物

①歴史書に書かれた最古の日本人女性の名前は、邪馬台国の女王**卑弥呼**です。 ②このころから、各地に小さな国が現れ、それらが連合して、大和朝廷が成立したと考えられています。 ③**聖徳太子**は、593年に**推古天皇**の摂政となり、**蘇我馬子**とともに、国家のしくみを整えました。 ④聖徳太子が没すると蘇我氏が政治の実権を握りました。 ⑤ 645年、中大兄皇子(のちの**天智天皇**)と中臣鎌足が蘇我氏を倒し、大化の改新を行ないました。 ⑥天智天皇の死後、皇位をめぐって壬申の乱が起こりました。 ⑦この戦いに勝った大海人皇子は、即位して**天武天皇**になりました。 ⑧ 701年に大宝律令が制定され、710年には平城京(奈良県)が建設されました。 ⑨ 724年に即位した**聖武天皇**は、仏教によって国を治めようとしました。

⑩ In 794, Emperor *Kanmu* moved the capital to the
桓武天皇 　　　　　　　　　　　～を—に移した
Heian capital (*Kyoto*) to rebuild the troubled
　　　　　　　　　　～を建て直す　乱れた政治
government. ⑪ He also sent *Sakanoue-no-Tamuramaro*
　　　　　　～を—に派遣した 坂上田村麻呂
to the *Tohoku* area to order *Emishi* to obey the Court.
東北地方　　　　　～に—することを命じる 蝦夷　～に従う 朝廷
⑫ In the ninth century, the *Fujiwara* family got close
　　　　　　　　　　　　　藤原氏　　　　　　～に近づいた
to the Imperial family and were at the helm. ⑬ *Fujiwara-*
天皇家　　　　　　　　　　　権力を握っていた　　　　藤原道長
no-Michinaga arranged for his four daughters to marry
　　　　　　～を—と結婚させた
the emperors one after another, and his son, *Fujiwara-*
　　　　　　　　次々に　　　　　　　　　　　藤原頼通
no-Yorimichi, stayed in the post of chief adviser for 50
　　　　　　　　　　　　　　　　関白の職
years.

⑭ *Saicho* and *Kukai,* who studied in Tang, came back
最澄　　　　空海　　　　　　　　　　　唐
to Japan to spread new sects of Buddhism. ⑮ *Murasaki*
　　　　　～を広める　宗派　　仏教　　　　　紫式部
Shikibu wrote *The Tale of Gen-ji* and *Sei Shonagon*
　　　　　　　　　『源氏物語』　　　　　清少納言
wrote *The Pillow Book* while they were working in the
　　　　『枕草子』
Court.

⑯ In the tenth century, samurai came into being all
　　　　　　　　　　　　武士　　現れた
around Japan and they became powerful by force of
　　　　　　　　　　　　勢力を拡大した　　　　武力で

14

arms. ⑰The *Gen-ji* family and the *Hei-shi* family gained
　　　　　　源氏　　　　　　平氏　　　　　　　　勢力を得た
power as a group of samurai, and *Taira-no-Kiyomori*
　　　　　　武士団として　　　　　　　　　平清盛
was at the helm of the government in the middle of
政治の実権を握っていた
12th century. ⑱The *Gen-ji* family led by *Minamoto-no-*
　　　　　　　　　　　　　　　　　　　　　　　　～に率いられた
Yoritomo, which were powerful in the *Kanto* area, tried
　　　　　　　　　　　　　　　　　　　　　　関東地方
to defeat the *Hei-shi* family. ⑲In 1185, *Minamoto-no-*
～を倒す　　　　　　　　　　　　　　　　　　　源義経
Yoshitsune defeated the *Hei-shi* family in *Dannoura*.
　　　　　　　　　　　　　　　　　　　　　　　　壇ノ浦

---

⑩794年、**桓武天皇**は乱れた政治を建て直すために、都を平安京（京都府）に移しました。⑪また、**坂上田村麻呂**を東北地方に派遣して、蝦夷の人々を朝廷に従わせました。

⑫9世紀になると、藤原氏が天皇家に近づき、権力を握りました。⑬**藤原道長**は、4人の娘を次々に天皇の后にし、息子の**藤原頼通**は50年間関白の職につきました。

⑭唐に留学した**最澄**と**空海**は、帰国して新しい仏教を広めました。⑮宮中に仕えた**紫式部**は『源氏物語』を、**清少納言**は『枕草子』を書きました。

⑯10世紀になると、各地で武力を背景に勢力を拡大した、武士と呼ばれる人々が現れました。⑰武士団では、源氏と平氏が頭角を現し、12世紀中ごろには、**平清盛**が政治の実権を握りました。⑱関東地方で勢力を拡大していた源氏は、源頼朝を中心に、平氏を倒そうとしました。⑲1185年、**源義経**が壇ノ浦で平氏を滅ぼしました。

1. Himiko (late 2nd century - middle of 3rd century)

① Around the first century B.C.
紀元前 1 世紀
(Before Christ), a lot of small
キリスト以前　　　　　　　小国
states were built all around
建設された
Japan. ② The Chinese history
book, *The Legend of Wa in*
『魏志倭人伝』
Wei's History (*Gishi-wajin-den*), says these states
ウェイ

fought each other in the late second century. ③ The
争った　　　　　　　　　　　　　　　　　　　　　戦乱
battles were settled when those states began to look up
収まった　　　　　　　　　　　　　　　　　　　～に敬意を払う
to the same queen. ④ This queen was *Himiko*. ⑤ She
卑弥呼
ruled these allies led by *Yamatai* state. ⑥ She stayed
支配した　連合国　邪馬台国を中心とした　　　　　　　独身を通した
single all her life as a woman sent by the god, and it is said
神の巫女　　　　　　　　　　～といわれている
that her younger brother carried out the government.
政治を行なった
⑦ In 239, *Himiko* sent envoys to the major power in
～に使いを送る　　大国
China, Wei. ⑧ The emperor of Wei gave *Himiko* the title
魏　　　　　　　　　　　　　　　　　　　　　　称号
of Queen of Wa Friendly to Wei (*Shin-gi-wa-o*), a gold
親魏倭王　　　　　　　　　金印
seal, and 100 bronze mirrors. ⑨ In 247, a battle between
銅鏡

Yamatai state and *Kuna* state broke out. ⑩ It is said
狗奴国　　　　　　　起こった

that *Himiko* died during this war. ⑪ After her death, a

tomb with a large mound was made for her, and more
墓　　　　　　　　墳丘

than 100 people followed her to the grave. ⑫ Some
殉死した

believe that *Yamatai* state was in today's *Kinki* area,
現在の近畿地方

and others believe that it was in today's *Kyushu*.

---

1. 卑弥呼（2世紀終わり〜3世紀半ば）

①紀元前1世紀ごろ、日本各地には多数の小国が成立していま
した。②『魏志倭人伝』によると、紀元2世紀末にこれらの国々
の間で大きな戦乱が起こったそうです。③そこで、諸国が共同
で女王を立てたところ、戦乱は収まりました。④この女王が卑
弥呼です。⑤卑弥呼は、邪馬台国を中心とする連合国を支配し
ました。⑥卑弥呼は神に仕える巫女として生涯独身を通し、実
際の政治は弟が行なったようです。

⑦239年、卑弥呼は中国にあった大国の魏に使者を送りました。
⑧魏の皇帝は、卑弥呼に「親魏倭王」という称号を与え、金印
や銅鏡100枚などを贈りました。⑨247年、邪馬台国と狗奴国
の戦争が起こりました。⑩卑弥呼は、このとき亡くなったと考
えられています。⑪死後、大きな墳丘をもつ墓が造られ、100
人余りが殉死したといわれます。⑫邪馬台国の所在地には、現
在の近畿地方であるとする考えと、九州であるとする考えがあ
ります。

2. Prince Shotoku (574 - 622)

① Prince *Shotoku* was a son of Emperor *Yomei*, and he is also called Prince *Umayato*. ② After Empress *Suiko* took the throne, Prince *Shotoku* served as regent (the post which rules the country instead of a ruler who is too young) and helped the empress carry out the government with *Soga-no-Umako*.

③ He made the system of twelve levels of officials' ranking (*Kan-i-12-kai*), in which capable people could take part in the government regardless of their lineage. ④ Prince *Shotoku* established the Seventeen-articles Constitution (*Kempo-17-jo*), and showed the officials morals and rules, and he advanced Buddhism. ⑤ He sent *Ono-no-Imoko* to China as the envoy to Sui (*Ken-Zui-shi*). ⑥ It is said that the emperor of Sui, Yang, got very angry because the letter *Ono-no-Imoko* took with him

said that Yang and the emperor of Japan were equal.
~という内容の　　　　　　　　　　　　　　　　　　　　同等の

⑦However, envoys were kept being sent to China after
　　　　　使者　　　　～をし続けた

that, and the culture of the advanced country was
　　　　　　文化　　　　　　　　先進国

introduced to Japan.
~に紹介された

⑧ Prince *Shotoku* was a pious Buddhist, so he built
　　　　　　　　　　　敬けんな仏教徒　　　　　　建立した

temples and wrote about Buddhist texts.
寺院　　　　　　　　　　経典

---

2. 聖徳太子 (574 〜 622 年)

①聖徳太子は用明天皇の子で、厩戸皇子とも呼ばれています。
②女帝の推古天皇が即位すると、太子は摂政になり、蘇我馬子
とともに天皇を補佐して政治を行ないました。
③太子は「冠位十二階」を定め、家柄に関係なく優秀な人材が
政治に参加できるしくみをつくりました。④「憲法十七条」を
制定し、役人の心得や規則を示すとともに、仏教を重んじる姿
勢を明らかにしました。⑤また、遣隋使として、小野妹子らを
中国へ派遣しました。⑥このときの国書が、隋の皇帝と日本の
天皇を同格に置いたものであったため、隋の皇帝煬帝は激怒し
たといわれます。⑦しかし、その後も遣隋使は続けられ、先進
国の文化が日本にもたらされました。
⑧聖徳太子は自らも仏教を深く信仰し、寺院を建立したり、経
典の注釈書を著したりしました。

3. Empress Suiko (554 - 628)

① Empress *Suiko* was born to
推古天皇　　　　　～のもとに生まれた
Emperor *Kinmei* and *Soga-no-*
欽明天皇
Kitashihime. ② She got married
　　　　　　　　　～と結婚した
to Emperor *Bidatsu* in 576.
　　　　　敏達天皇
③ After his death, Emperor
　　　　　　　　　　　用明天皇
Yomei took the throne, but he died only two years later.
　　　　即位した
④ *Soga-no-Umako* of a powerful local rich family killed
　　　　　　　　　　有力豪族　　　　　　　　　　　～を殺した
the next emperor, *Sushun*, who acted against *Umako*'s
　　　　　　　　　　　　　　　～の意志に反して
will, and made *Yomei*'s younger sister, *Suiko*, the
empress. ⑤ She became the first empress of Japan in
　　　　　　　　　　　　　　　　　　女性天皇
592. ⑥ Empress *Suiko* made her nephew, Prince *Shotoku*,
　　　　　　　　　　　　　　　　おい　　　　　　聖徳太子
regent, and her uncle, *Soga-no-Umako*, the minister,
摂政　　　　　　　　　　　　　　　　　　　　　　大臣
and entrusted the government to them. ⑦ In 594, she
　　　　～に—をゆだねた
enacted the Imperial Edict on the Flourishing of
発令した　　　仏教繁栄についての詔勅(→三宝興隆の詔)
Buddhism (*Sampo-koryu-no-mikotonori*), and said
that a system of the state with Buddhism at the center
　　　　　　　　　　　　　　仏教を中心とする国

of power would be formed. [8] *Sampo* stands for Buddha,
形成される　　　　　　　　　　～を意味する　釈迦
Buddhist texts, and Buddhist monks, that is to say
経典　　　　　　　　　僧侶　　　　　　　　　つまり
Buddhism. [9] The Seventeen-articles Constitution enacted
仏教　　　　　　憲法十七条
in 604 also continued this Buddhist way of thinking.
　　　　　　～を引き継いだ　　　　　　　考え方
[10] It is said that, in 620, Empress *Suiko* made Prince

Shotoku and *Soga-no-Umako* make up *The Imperial*
　　　　　　　　　　　　　　　～を編集する　天皇家の系譜(→「天皇記」)
Family Tree (*Tenno-ki*) and *The National Record* (*Ko-*
　　　　　　　　　　　　　　　　　　　　　　　『国記』
kki), but they no longer exist.
　　　　　　　　　現存する

---

3. 推古天皇（554〜628年）

[1]推古天皇は、欽明天皇と蘇我堅塩媛との間に生まれました。[2]576年、敏達天皇の皇后になりました。[3]敏達天皇の没後、用明天皇が即位しましたが、2年足らずで崩御しました。

[4]有力豪族の蘇我馬子は、次に即位した崇峻天皇が思い通りにならないので暗殺し、用明天皇の妹・推古天皇を即位させました。[5]こうして、592年、日本最初の女性天皇が誕生しました。

[6]推古天皇は、おいの聖徳太子を摂政に、叔父の蘇我馬子を大臣にして政務を任せました。[7]594年には「三宝興隆の詔」を発令し、仏教を中心とする国のしくみづくりを宣言しました。

[8]三宝とは釈迦、経典、僧侶を指し、仏教のことです。[9]この方針は、604年に制定された「憲法十七条」にも受け継がれました。[10]620年には、聖徳太子と蘇我馬子に歴史書である『天皇記』、『国記』を編集させたとされますが、現存していません。

4. Soga-no-Umako（蘇我馬子）

Buddhism is wonderful!
仏教はすばらしい

Soga-no-Umako was a member of a powerful local rich family.
蘇我馬子は有力豪族の一人でした。

Get rid of Buddhism!
仏教を排除せよ！

I'll spread Buddhism!
仏教を広めるぞ！

He was on bad terms with *Mononobe-no-Moriya*, who stood against him.
馬子は蘇我氏を批判する物部守屋と対立していました。

Nobody turns their back to me!
私に逆らう者はもう誰もいないぞ

Now, I am related to the emperor!
天皇の親戚になったぞ

He defeated *Mononobe-no-Moriya*.
馬子は対立する物部守屋を破りました。

His sisters got married to the emperor.
馬子の姉妹が天皇の后になりました。

He killed Emperor *Sushun*, who was on bad terms with the *Soga* family.
馬子は蘇我氏に反発した崇峻天皇を暗殺しました。

He made *Suiko* the empress.　馬子は推古天皇を即位させました。

He appointed Prince *Shotoku* as regent.　馬子は聖徳太子を摂政にしました。

He carried out the government with Emperor *Suiko* and Prince *Shotoku*.
馬子は推古天皇、聖徳太子と力を合わせ、政治を行ないました。

5. Emperor Tenji (626 - 671)

① Emperor *Tenji*'s father was Emperor *Jyomei* and his
天智天皇　　　　　　　舒明天皇
mother was Empress *Kogyoku*,
皇極天皇
and he was called Prince *Naka-no-oe* before he became
中大兄皇子
the emperor. ② In 645, he and *Nakatomi-no-Kamatari*

defeated *Soga-no-Emishi* and his son, *Iruka*, and made

Kotoku emperor (*Isshi-no-hen*). ③ Prince *Naka-no-oe*
乙巳の変
moved the capital from *Asuka* (*Nara*) to *Naniwa*
～を移した　都
(*Osaka*), and worked on the Reformation of *Taika*.
～に取り組んだ　大化の改新
④ He defined land and people in this state as the
～を―と定めた
emperor's property (*Ko-chi-ko-min*), and the emperor
天皇の所有物　　　　　　公地公民
lent land to the people (*Handen-shuju* law). ⑤ In this
～を―に貸す　　　　　　班田収授法
way, he built a foundation for a state ruled by law.
～の基礎を築いた　　　　　律令国家
⑥ After Emperor *Kotoku*'s death, *Kogyoku* again became

Empress *Saimei* in *Asuka*. ⑦ After Empress *Saimei* died
斉明天皇

in 661, Prince *Naka-no-oe* carried out the government.

政治を行なった

⑧ He sent an army to the Korean Peninsula to support

〜に軍隊を送った　　　朝鮮半島

Baekje, but the army was badly defeated by Tang and Silla

ベッチェ

百済　　　　　　　　　　　〜に大敗した　　　　　唐　　　　新羅

in the Battle of *Hakusonko*. ⑨ Prince *Naka-no-oe* moved

白村江の戦い

the capital to *Otsu* and he became Emperor *Tenji* the

next year.

---

5. 天智天皇 (626 〜 671 年)

①天智天皇は舒明天皇を父、皇極天皇を母にもち、即位するまでは中大兄皇子と呼ばれました。②645（大化元）年、中臣鎌足と協力して、蘇我蝦夷・入鹿親子を倒し、孝徳天皇を即位させました（乙巳の変）。③そして、都を飛鳥（奈良県）から難波（大阪府）に移し、「大化の改新」に取り組みました。

④全国の土地と人民は天皇の所有とし（公地公民）、人民に土地を貸し与えました（班田収授法）。⑤こうして、律令国家への基礎固めが進められていきました。⑥孝徳天皇の死後、飛鳥で皇極天皇が再び即位して斉明天皇になりました。⑦661 年に天皇が亡くなると、中大兄皇子が政務を続けました。

⑧皇子は、朝鮮半島の百済を支援するため派兵しましたが、663年、白村江の戦いで唐と新羅の連合軍に大敗しました。⑨667 年、大津へ遷都し、翌年即位して天智天皇になりました。

6. Emperor Tenmu (631? - 686)

① Emperor *Tenmu* was a
天武天皇
younger brother of Emperor
弟   天智天皇
Tenji, and he was called Prince
                            大海人皇子
Oama before he took the
                            即位した
throne. ② After Emperor *Tenji*'s

death, Prince *Oama* became a monk and hid himself in
                            僧   ～に身をひそめた
Yoshino (*Nara*).

③ In 672, there was a fight for succession between
                        ～をめぐる争い (皇位)継承
Prince *Oama* and Prince *Otomo*, the son of Emperor
                        大友皇子
Tenji. ④ This is called *Jinshin* Disturbance, and Prince
                        壬申の乱
Oama defeated Prince *Otomo*. ⑤ Prince *Oama* took the
～を破った
throne and became Emperor *Tenmu*.

⑥ In 684, Emperor *Tenmu* created a new class system
                        ～を作った 新しい身分制度
(*Yakusa-no-kabane*) which arranged local rich families
                        ～を―の下に配置した 豪族
under the emperor. ⑦ He placed province officials all
                        ～を置く 国司
over the state to weaken those families' power. ⑧ In
            ～を弱めるために

the reign of Emperor *Monmu*, the grandson of Emperor
〜の統治　　　　　文武天皇　　　　　孫

Tenmu, the *Taiho* Code was enacted and the government
大宝律令　　　　　定められた　　　　天皇中心の律令政治

ruled by law with the emperor at the center of power

was completed. [9] Emperor *Tenmu* ordered history
歴史書

books to be made up, and *A Record of Ancient Matters*
編纂される　　　　　　　『古事記』

and *The Chronicles of Japan* were completed after his
『日本書紀』

death in the eighth century.

---

6. 天武天皇（631？〜686年）

[1]天武天皇は天智天皇の弟で、即位するまで**大海人皇子**と呼ばれていました。[2]天智天皇が亡くなると、大海人皇子は僧となって、吉野（奈良県）に身をひそめていました。
[3]672年、大海人皇子と天智天皇の子である**大友皇子**との間で、天皇の位をめぐる争いが起こりました。[4]これを**壬申の乱**といい、大海人皇子が大友皇子を破りました。[5]大海人皇子は即位し、天武天皇になりました。
[6]684年、天武天皇は「**八色の姓**」という新しい身分制度を定め、豪族たちを天皇の下に編成しました。[7]全国に国司を派遣して、地方の豪族の力を奪いました。[8]天武天皇の孫・文武天皇の時代になると、大宝律令が定められ、天皇中心の律令政治が整いました。[9]また、天武天皇は歴史書をつくることを命じ、天武天皇の死後、8世紀になって『古事記』、『日本書紀』が完成しました。

7. Emperor Shomu (701 - 756)

① Emperor *Shomu* was born as
聖武天皇

a son of Emperor *Monmu*.
文武天皇

② In 724, he took the throne in
即位した

the *Heijo* capital (*Nara*) after
平城京

his aunt, Empress *Gensho*.
元正天皇

③ *Shomu*'s wife was *Komyoshi*, the daughter of

Fujiwara-no-Fuhito, and they both believed in Buddhism.
　　　　　　　　　　　　　　　　　　　　～を信仰した　　　仏教

④ In 740, *Fujiwara-no-Hirotsugu* raised a revolt in
　　　　　　　　　　　　　　　　　　　　反乱を起こした

northern *Kyushu*. ⑤ Emperor *Shomu* went on to move
北九州　　　　　　　　　　　　　　　　　　　～し続ける　　　～を—に移す

the capital to *Kuni-kyo* (*Kyoto*), *Naniwa-no-miya*

(*Osaka*), and *Shigaraki-no-miya* (*Shiga*) until it went

back to the *Heijo* capital in 745. ⑥ In 743, Emperor

Shomu enacted a law which allowed peasants to own
　　　　　法を制定した　　　　　　～に—するのを認めた　農民　　　　　所有する

newly cultivated land forever (*Konden-einen-shizai*
新しく開墾した土地　　　　　永久に

law). ⑦ He wanted to bring peace to the country with
　　　　　　　　　　　　　～に平和をもたらす

the help of Buddhism, and built *Todai-ji* temple in the
～の助けを借りて　　　　　　　　　　　　　　東大寺

Heijo capital and *Kokubun-ji* temples and *Kokubun-*
　　　　　　　　　　 国分寺　　　　　　　　　　 国分尼寺
niji temples all around the country. ⑧A large statue of
　　　　　　　　　　　　　　　　　　　　　　　　　 大仏
Buddha was set up in *Todai-ji* temple.
　　　　　　　　　 建立された
⑨During this period, foreign technology and culture were
　　　　　　　　　　　　　 外国の技術と文化
introduced to Japan by the envoys to Tang. ⑩The
~に紹介された　　　　　　　　 唐への使者(→遣唐使)　　　　　 遺品
belongings of Emperor *Shomu* at that time are kept at
　　　　　　　　　　　　　　　　　　　　　 ~に所蔵されている
Shoso-in treasure house today.
正倉院

---

7. 聖武天皇（701 ～ 756 年）

①聖武天皇は、文武天皇の皇子として生まれました。②724 年、伯母の元正天皇に代わって平城京(奈良県)で即位しました。③皇后は、藤原不比等の娘の光明子で、二人とも仏教を深く信仰していました。

④740 年、藤原広嗣が北九州で反乱を起こしました。⑤聖武天皇は恭仁京（京都府）、難波宮（大阪府）、紫香楽宮（滋賀県）と次々に都を移し、745 年に平城京に戻りました。⑥743 年には、聖武天皇は新しく開墾した土地を永久に私有することを認める「墾田永年私財法」を発令しました。⑦また、聖武天皇は、仏教の力で平和な国家をつくることを願い、平城京に東大寺、全国に国分寺と国分尼寺を建立しました。⑧東大寺には、大仏がつくられました。

⑨この時代は、遣唐使によって、外国の技術や文化がもたらされました。⑩それらが反映された聖武天皇の遺品は、今も正倉院に伝えられています。

8. Emperor Kanmu (737 - 806)

① In 781, Emperor *Kanmu*
桓武天皇
took the throne in the *Heijo*
即位した   平城京
capital at the age of 45 after
~歳のときに
his father, Emperor *Konin*.
光仁天皇
② He moved the capital to
~へ都を移した
Nagaoka (southern *Kyoto*) in order to rebuild the
~するために   建て直す
country thrown into disorder by the Buddhist leaders
~におちいった   ~による混乱   仏教勢力
and nobles.
貴族
③ However, *Fujiwara-no-Tanetsugu*, who was in charge
~の責任者だった
of building the *Nagaoka* capital, was killed. ④ Prince
長岡京   殺された   早良親王
Sawara, Emperor *Kanmu*'s younger brother, was
arrested for it, and he killed himself after that. ⑤ The
~のために捕らえられた   自殺した
emperor's mother and wife died, and another prince

became sick, so Emperor *Kanmu* thought the *Nagaoka*

capital was possessed with *Sawara*'s spirits, and again
~に取りつかれた   早良の霊
moved the capital to the *Heian* capital (*Kyoto*) in 794.
平安京

⑥Around that time, people called *Emishi* lived in the
　　　　　　　　　　　　　　　　　　蝦夷
Tohoku area. ⑦Emperor *Kanmu* appointed *Sakanoue-*
東北地方　　　　　　　　　　　　　　　　～を—に任命した
no-Tamuramaro as barbarian subduing general (*Seii-*
　　　　　　　　　　　　未開人を征服する将軍(→征夷大将軍)
taishogun), and tried to take control of them. ⑧However,
　　　　　　　　　　　　　　　　～を制圧する
building a new capital and fighting against *Emishi*
　　　　　　　　　　　　　　　　　　　　　　～との戦い
burdened on the people's life.
～に負担となった

---

8. 桓武天皇 （737 ～ 806 年）

①781 年、桓武天皇は父光仁天皇のあとを継いで、45 歳のとき平城京で即位しました。②桓武天皇は、仏教勢力や貴族の進出によって混乱した国家を建て直すため、784 年、**長岡京**（京都府南部）に都を移しました。

③長岡京建設の責任者であった藤原種継が暗殺されました。④この事件の主犯として、桓武天皇の弟で皇太子の早良親王が捕らえられ、彼は自ら命を絶ちました。⑤桓武天皇の母や皇后も亡くなり、皇太子も病気になったので、長岡京は早良の祟りがあるとして、794 年に再び都を**平安京**（京都市）に移しました。

⑥このころ、東北地方には蝦夷と呼ばれる人たちが暮らしていました。⑦桓武天皇は、**坂上田村麻呂**を**征夷大将軍**に任命し、蝦夷を制圧しようとしました。⑧しかし、都の造営や蝦夷との戦いは民衆の大きな負担となりました。

9. Sakanoue-no-Tamuramaro (坂上田村麻呂)

In the start of the *Heian* period, people called *Emishi* lived in the *Tohoku* area.
平安時代の初め、東北地方には蝦夷と呼ばれる人々が住んでいました。

The Court army started to defeat *Emishi*.
朝廷軍は蝦夷討伐に乗り出しました。

Emperor *Kammu* appointed *Sakanoue-no-Tamuramaro* as the barbarian subduing general.
桓武天皇は、坂上田村麻呂を征夷大将軍に任命しました。

A severe battle between the Court army and *Emishi* began.
朝廷軍と蝦夷の激しい戦いが始まりました。

The Court won the battles one after another.　朝廷軍は勝利を重ねました。

Tamuramaro built *Isawa-jo* castle and the Court became powerful.
田村麻呂は胆沢城を築き、朝廷の勢力を広げました。

After the defeat of *Emishi*, the post of the barbarian subduing general was abolished.
蝦夷征伐が完了すると、征夷大将軍も途絶えました。

10. Fujiwara-no-Michinaga (966 - 1027)

① From the start of the ninth
9世紀初めから
century, the *Fujiwara* family
藤原氏
strengthened their power by
勢力を強めた
becoming related to the
〜の親戚になること
Imperial family. ② They were
天皇家
at the height of their glory during the time of *Fujiwara-*
栄華の極みに   藤原道長
no-Michinaga and his son, *Yorimichi.*

③ *Michinaga*'s father, *Kaneie,* was at the helm of the
                                        〜の実権を握った
government in the Emperor *Ichijo* era. ④ *Michinaga* was
                      一条天皇の時代に
not the eldest son, but he became the minister of state
     長男
(*sa-daijin*) because his elder brothers died one after
                                                        次々に
another. ⑤ *Michinaga*'s eldest daughter, *Shoshi,*
                              長女
became the empress and she gave birth to two sons who
          后   〜を産んだ
would be Emperor *Goichijo* and Emperor *Gosuzaku*
              後一条天皇   後朱雀天皇
later. ⑥ Emperor *Sanjo* took the throne next and got
          三条天皇   即位した
married to *Michinaga*'s second daughter, *Kenshi.*
〜と結婚した   次女

⑦When *Goichijo* became the emperor at the age of
<u>～歳のときに</u>
eight, *Michinaga* controlled the government as regent.
摂政

⑧ After that, *Michinaga* arranged for his fourth
<u>～を—と結婚させた</u>
daughter, *Ishi*, to marry Emperor *Goichijo*.

⑨In later years, he became a priest and built a temple,
<u>晩年に</u>　　　　　<u>出家した</u>　　　　　<u>建立した</u>
so he was called "chief adviser in temple (*mido*
御堂関白
kanpaku)".

---

10. 藤原道長 （966 〜 1027 年）

①9世紀の初めごろから、藤原氏は天皇家と親戚になることによって、勢力を強めていきました。②そして、その権力は藤原道長・頼通親子のときに全盛期を迎えました。

③一条天皇のとき、道長の父の兼家が実権を握りました。④道長は長男ではありませんでしたが、兄たちがあいついで亡くなり、左大臣になりました。⑤長女の彰子が一条天皇の中宮になって、のちの後一条天皇、後朱雀天皇を産みました。⑥次に即位した三条天皇には、次女の妍子を中宮にしました。⑦後一条天皇が8歳で即位すると、道長は摂政として実権を手にしました。⑧その後、四女の威子を後一条天皇の中宮にしました。⑨晩年は出家して寺院を建立し、**御堂関白**と呼ばれました。

11. Fujiwara-no-Yorimichi (992 - 1074)

① *Fujiwara-no-Yorimichi* was
藤原頼通
born as the eldest son of
〜として生まれた　長男
Michinaga. ② In 1017, *Yorimichi*
took over the post of regent
〜から—を受け継いだ　摂政の地位
from his father. ③ Later, he
became the chief adviser and was at the helm of the
関白　　　　　　　　　　　　　政治の実権を握った
government for 50 years during the era of three
３代の天皇の時代
emperors: *Goichijo*, *Gosuzaku*, and *Goreizei*.

④ *Yorimichi* arranged for his only daughter, *Kanshi*, to
〜を—と結婚させた
marry Emperor *Goreizei*, but she had no children.

⑤ Emperor *Gosanjo*, who took the throne next, wasn't
後三条天皇　　　　　　　　　　即位した
related to the *Fujiwara* family, so the power of
〜とつながりがなかった　藤原氏
Yorimichi weakened. ⑥ However, *Yorimichi* was still
弱まった
rich and built a luxurious palace in the place, *Kayano-*
豪華な御殿
in, near the Imperial Palace. ⑦ He also built *Byodo-in*
御所　　　　　　　　　　　　　　建立した　平等院鳳凰堂
phoenix hall in *Uji*, which was formerly *Michinaga*'s
以前に

villa. [8] *Yorimichi*, who left the post of chief adviser up
別荘　　　　　　　　　　　　　　　　～に―を譲った
to his younger brother, *Norimichi*, retired from
　　　　　　　　　　　　　　　　　　　　　　引退した
political life, and lived in *Uji*. [9] *Byodo-in* phoenix hall
政治生活
was designated as a national treasure as a typical
　　～に指定された　　　　　国宝　　　　　　　　代表的な阿弥陀堂建築物
Amida hall building, and also as a World Heritage Site.
　　　　　　　　　　　　　　　　　　　　世界遺産

11. 藤原頼通 (992 ～ 1074 年)

[1] 藤原頼通は道長の長男として生まれました。[2] 1017 年に父から摂政の地位を譲られました。[3] その後、関白となり、後一条・後朱雀・後冷泉の 3 代の天皇にわたる 50 年間、政治の実権を握りました。

[4] 頼通は、一人娘の寛子を後冷泉天皇の中宮にしましたが、子は生まれませんでした。[5] 次に即位した後三条天皇は、藤原氏とのつながりがなかったため、頼通の権力は衰えていきました。

[6] しかし、多くの富を手に入れていた頼通は、御所の近くの「高陽院」に豪華な御殿を建てました。[7] また、宇治にあった道長の別荘を寺として、「平等院鳳凰堂」を建立しました。

[8] 頼通は関白を弟の教通に譲り、政界から引退して宇治に住みました。[9] 平等院鳳凰堂は、平安時代の代表的な阿弥陀堂建築として国宝に指定され、世界遺産にも登録されています。

12. Kukai (774 - 835)

① *Kukai* was born in *Sanuki*
空海　　　　　　　讃岐国

province (*Kagawa*). ② He

practiced strict Buddhism all
厳しい仏教を実践した（→修行をした）

around Japan and became

a monk. ③ *Kukai* went to Tang
僧　　　　　　　　　　　　唐

with an envoy and studied there. ④ After he studied
使者

about *Shingon* esoteric Buddhism in Changan for two
真言密教　　　　　　　　　　　　　長安

years, he came back to Japan and founded the *Shingon*
創始した　　　真言宗

sect. ⑤ Emperor *Saga* appreciated his work and,
嵯峨天皇　　　　評価した

under the protection of the emperor, he built *Kongobu-*
天皇の保護のもとで　　　　　　　　　　　建立した　金剛峰寺

ji temple on Mt. *Koya*. ⑥ He received *To-ji* temple in
高野山　　　　　　　　　　東寺

the *Heian* capital from the emperor and used it as
平安京

a training hall of his sect.
道場

⑦ While *Kukai* strengthened the foundation of the
基盤を固めた

Shingon sect, he also actively worked on public works.
積極的に　　　　　　～に取り組んだ　公共事業

⑧ It is said that *Kukai* played a key role in building
～といわれている　　　　　主な役割を果たした

38

a large reservoir, *Manno* pond, in *Sanuki*, his hometown.
　　大きなため池　　　　　　満濃池　　　　　　　　　　故郷

⑨ *Kukai* founded the *Shugei-shuchi-in* school, in which
　　　創設した　　　　綜芸種智院

people of all classes could study Buddhism and
　　　　　　　身分

Confucian teachings. ⑩ He is also well-known as a master
儒教　　　　　　　　　　　　　～としてよく知られている　書道の達人

of calligraphy, and his work, *Fushin-jo*, was designated
　　　　　　　　　　　　　　　風信帖　　　　　～に指定された

as a national treasure. ⑪ *Kukai* came to be called *Kobo-*
　　国宝　　　　　　　　　　　　　　　　　　　　　弘法大師

daishi after his death.

---

12. 空海 (774 ～ 835 年)

①空海は讃岐国（香川県）で生まれました。②日本各地で修行を重ね、僧になりました。③空海は遣唐使に従って唐に留学しました。④長安で真言密教を学び2年後に帰国し、真言宗を開きました。⑤空海は嵯峨天皇に認められて保護を受け、高野山に金剛峰寺を建立しました。⑥さらに、平安京の東寺を譲り受け、密教の道場としました。

⑦空海は真言宗の基盤を固めるかたわら、公共事業にも積極的に取り組みました。⑧空海の故郷・讃岐にある満濃池という大きなため池は、空海が工事を指揮して完成したといわれています。

⑨身分に関係なく学ぶことができる学校「綜芸種智院」を創設し、仏教と儒教などを教えました。⑩空海は書道の達人としても知られ、「風信帖」は国宝に指定されています。⑪空海は死後、「弘法大師」と呼ばれるようになりました。

13. Saicho (767 - 822)

①Saicho was born as a son of
最澄   ～として生まれた

a local rich family in Omi
豪族   近江国

province (Shiga). ②When he

was a boy, he gave up his
            出家した

normal life to become a monk
                僧になった

at Todai-ji temple (Nara). ③However, he didn't accept
東大寺   ～に納得いかなかった

the then Buddhism, and he built a small hut to
当時の仏教   小屋

practice strict Buddhism. ④He was selected to study
厳しい仏教を実践する(→修行する)   選ばれて～した

abroad and took the boat to Tang with envoys. ⑤Kukai
外国で   唐   使者

was also one of the monks who went with Saicho at

that time. ⑥Saicho didn't go to Changan, the capital of
        ～せずに—した   長安

Tang, with Kukai, but went to Mt. Tendai to learn the
                                天台山

Tendai sect.
天台宗

⑦Saicho came back to Japan and spread the Tendai sect.
                              広めた

⑧He taught that anyone who believed in Buddhism
～だと教えた   仏教を信じるものは誰でも仏になることができる

could be a Buddha. ⑨Before that, Buddhism wasn't

there to save people, but to protect the country from
~するためでなく~するためにあった

disaster. ⑩ So, the teachings of *Saicho* spread among
災難　　　　　　　　　　教え　　　　　　　　　　　　~の間に広まった

monks.

⑪ After *Saicho*'s death, the temple on Mt. *Hiei*, in which
比叡山

he practiced strict Buddhism, was authorized by the
認められた　　　　　　　　　朝廷

Court and it was called *Enryaku-ji* temple. ⑫ *Saicho*
延暦寺

came to be called *Dengyo-daishi*.
伝教大師

---

13. 最澄（767～822年）

①最澄は、近江国（滋賀県）の豪族の子として生まれました。
②若くして出家し、東大寺（奈良県）の僧になりました。③しかし、当時の仏教に納得できず、比叡山（滋賀県）に入って小さな庵をつくり、修行しました。④最澄は留学僧に選ばれ、遣唐使船で唐に渡りました。⑤このときの留学僧には、空海もいました。
⑥最澄は、唐の都の長安には行かず、天台山で天台宗を学びました。

⑦帰国すると、天台宗を開きました。⑧最澄は、「仏を信じれば誰でも仏になることができる」と説きました。⑨これまでの仏教は、国を守るためのもので、人々を救うためのものではありませんでした。⑩最澄の教えは、僧たちの間に広まりました。
⑪最澄の死後、最澄が修行した比叡山の寺は朝廷に認められ、延暦寺と呼ばれました。⑫また最澄は、伝教大師と呼ばれるようになりました。

14. Murasaki Shikibu (? - ?)

① *Murasaki Shikibu* was born
紫式部　　　　　　　　　　　　～として生まれた
as a daughter of *Fujiwara-no-*
Tametoki.　② All her family
were good at Japanese poems
～が得意だった　　　　　和歌
and Chinese poems, and she
漢詩
was also gifted at writing.
～の才能があった
③ Her mother died when she was a little girl, and her

father taught her Chinese classics. ④ Her father became
漢文
an official in *Echizen* province (*Fukui*), so she lived
国司　　　　　　　越前国
there for a few years.

⑤ Later, she went back to the capital, got married, and

had a baby girl, but her husband died soon after that.

⑥ It is said that, from this time, she began to write *The*
～といわれている
Tale of Gen-ji in *hiragana,* which began being used
『源氏物語』　　　　ひらがな　　　　　使われつつあった
around that time. ⑦ This novel was a full-length love
長編恋愛物語
story written about the main character, *Hikaru Gen-ji,*
～について書かれた　主人公

in the Court, and it became popular among nobles.
宮廷

⑧ *Murasaki Shikibu* was an attendant of *Shoshi*, who
貴族
～に仕えた　　　　　彰子

was a daughter of *Fujiwara-no-Michinaga* and a wife

of Emperor *Ichijo*. ⑨ *Murasaki Shikibu*'s portrait and
一条天皇　　　　　　　　　　　　　　　　肖像画

a part of *The Picture Scroll of the Tale of Gen-ji* are on
～の一部　　　『源氏物語絵巻』

the 2,000 yen note issued in Japan in 2000.
2000円紙幣　　　　　発行された

14. 紫式部（？〜？）

①**紫式部**は、藤原為時の子として生まれました。②紫式部の家系は和歌や漢詩に優れていて、彼女自身も文学的な才能に恵まれていました。

③幼いころに母を亡くし、父から漢文を教えられて育ちました。④父が越前国（福井県）の国司となったため、しばらく越前で暮らしました。

⑤やがて都に戻った紫式部は、結婚し女の子を授かりますが、まもなく夫を亡くしました。⑥このころから当時広められたひらがなを用いて『源氏物語』を書き始めたといわれています。⑦『源氏物語』は、光源氏を主人公とし、宮廷を舞台にした長編の恋愛小説で、貴族の間で評判になりました。⑧紫式部は、**藤原道長**の娘で一条天皇の中宮の**彰子**に仕えました。⑨わが国で2000年に発行された2000円紙幣には、紫式部の肖像と『源氏物語絵巻』の一部が描かれています。

15. Sei Shonagon (? - ?)

① *Sei Shonagon* was born as
清少納言　　　　　　　　　　〜として生まれた
a daughter of *Kiyohara-no-Motosuke*. ② *Motosuke* was
an official, and he was famous
役人
as a poet. ③ She learned
歌人
Japanese poems and Chinese classics from her father.
和歌　　　　　　　　　　漢文
④ Her father was sent to *Suo* province (*Yamaguchi*) as
〜に派遣された　　　　　周防国
a province official there, so *Sei Shonagon* lived there
国司
for some years. ⑤ After she came back to the capital,

she got married and had a baby, but she got divorced.
離婚した
⑥ *Sei Shonagon* was an attendant of *Teishi*, who was a
〜に仕えた　　　　　　　　定子
wife of Emperor *Ichijo*. ⑦ She got to know a lot of
一条天皇　　　　　　　　　〜と知り合った
nobles while serving *Teishi*. ⑧ She left the Court after
貴族　　仕えている間に　　　　　　　　　　宮廷
Teishi died of illness.
病死した
⑨ *Sei Shonagon* wrote *The Pillow Book*, which was
『枕草子』
written about her life in the Court and what she felt
〜について書かれた　宮廷での生活　　　　　　　　　〜について感じたこと

about the four seasons. ⑩*The Pillow Book* is a famous

collection of her essays, which starts with "At
随筆集　　　　　　　　　　　　　　　　　～で始まる
daybreak in spring ...." ⑪*Sei Shonagon*'s *The Pillow*
「春はあけぼの…」
Book is one of the greatest books written by women in
　　　　　　　　　　　　傑作
the *Heian* period along with *Murasaki Shikibu*'s *The*
平安時代　　　　　　～とならんで
Tale of Gen-ji.
『源氏物語』

---

15. 清少納言（？～？）

①清少納言は、清原元輔の娘として生まれました。②父の元輔は役人でしたが、歌人として有名でした。③清少納言は、父の指導を受けて、和歌や漢文を学びました。④父元輔は国司として周防国（山口県）に派遣されることになり、清少納言もしばらく周防で過ごしました。⑤都に戻った清少納言は、結婚して一児をもうけましたが、夫と別れました。

⑥清少納言は、一条天皇の中宮・定子に仕えました。⑦清少納言は定子に仕えながら、多くの貴族たちと交流しました。⑧定子が病死すると宮廷を去りました。

⑨清少納言は、宮廷での経験や四季の移り変わりなどをまとめ、『枕草子』を著しました。⑩『枕草子』は、「春はあけぼの…」で始まる有名な随筆集です。⑪清少納言の『枕草子』は、紫式部の『源氏物語』とならんで、平安時代に書かれた女流文学の傑作の一つです。

16. Taira-no-Kiyomori (1118 - 1181)

① *Taira-no-Kiyomori* was
平清盛
born as the first son of *Taira-*
〜として生まれた 長男
no-Tadamori, and he became

the leader of the *Hei-shi*
棟梁   平氏
family in 1153. ② When the

Hogen Disturbance broke out between Emperor
保元の乱   起こった   後白河天皇
Goshirakawa and ex-Emperor *Sutoku* in 1156,
                    崇徳上皇
Kiyomori took the side of *Goshirakawa* and won the
          〜に味方した
battle. ③ In 1159, the *Heiji* Disturbance started, and he
                      平治の乱
fought against *Minamoto-no-Yoshitomo*. ④ *Kiyomori*
〜と戦った
won the battle and became powerful.
                    勢力を強めた
⑤ Later, he became the first samurai to reach the
                    〜をした最初の武士   〜まで上りつめる
grand minister of state (*Daijo-daijin*). ⑥ After that, he
太政大臣
arranged for his daughter, *Tokuko* (*Kenreimon-in*) to
〜を—と結婚させた
marry Emperor *Takakura*. ⑦ In 1180, *Kiyomori* made
              高倉天皇   〜を即位させた
Tokuko's baby boy, *Antoku*, take the throne, and
          男の赤ん坊

Kiyomori stayed at the helm of the government as the
　　　　　　政治の実権にとどまった
emperor's grandfather. ⑧ He built and improved their
　　　　　　　　　　　　整備した　　　　　　　根拠地
base, *Owada* Port (*Kobe* Port), in order to trade with
　　　大輪田泊　　　　　　　　　　　　　　　　　～するために　～と貿易をする
Sung, and made a large profit. ⑨ However, *Minamoto-*
宋　　　　　大きな利益を得た
no-Yoritomo, who was the son of *Yoshitomo* and was

gaining power in the *Kanto* area, rose in arms to defeat
勢力を拡大していた　　　関東地方　　　　　　挙兵した　　～を倒すために
the *Hei-shi* family. ⑩ *Kiyomori* died of illness during
　　　　　　　　　　　　　　　　　病死した
this battle.

---

16. 平清盛 (1118 ～ 1181 年)

①平清盛は平忠盛の長男として生まれ、1153 年に平氏の棟梁になりました。②1156 年に、後白河天皇と崇徳上皇の間で保元の乱が起こると、清盛は天皇側について勝利に導きました。③1159 年には、源義朝との対立から平治の乱が起こりました。④清盛はこの戦いに勝ち、勢力を強めました。

⑤その後、武士として初めて太政大臣になりました。⑥そして、娘の徳子（建礼門院）を高倉天皇の中宮にしました。⑦1180 年には、徳子が産んだ安徳天皇を即位させ、天皇の祖父として実権を握りました。⑧また、平氏の根拠地であった大輪田泊（神戸港）を整備して、宋との貿易を行ない、大きな利益を手に入れました。⑨しかし、関東で勢力を拡大していた源義朝の子の源頼朝が平氏を倒すために挙兵しました。⑩清盛は、この戦いの最中に病死しました。

17. Minamonoto-no-Yoshitsune（源義経）

The *Gen-ji* family was defeated by the *Hei-shi* family in the *Heiji* Disturbance in 1159.
平治の乱(1159年)で源氏は平氏に敗れました。

Minamoto Yoshitomo's son, *Yoshitsune*, was
made to go to a temple on Mt. *Kurama*.
源義朝の子・義経は、鞍馬山の寺にあずけられました。

He was called *Ushiwakamaru*
when he was young.
義経は、幼名を牛若丸といいました。

Ushiwakamaru went to *Fujiwara Hidehira* in *Oshu-Hiraizumi* to defeat
the *Hei-shi* family.
牛若丸は、打倒平氏を誓い、奥州平泉の藤原秀衡のもとへ。

Yoshitsune's elder brother, *Yoritomo*, rose in arms in the *Kanto* area to defeat the *Hei-shi* family in 1180.

1180 年、義経の兄・源頼朝が関東で平家追討の兵を挙げました。

Yoshitsune rushed to *Yoritomo*.　義経は頼朝の下にかけつけました。

Yoshitsune chased the *Hei-shi* family.　義経は平氏を追いました。

Yoshitsune fought with courage.　義経は果敢に戦いました。

Yoshitsune won the Battle of *Yashima* and the Battle of *Dannoura*, and destroyed the *Hei-shi* family.
屋島の戦い、壇ノ浦の戦いに勝利し、平氏を滅ぼしました。

Yoritomo was jealous of *Yoshitsune*, and he rose in arms to defeat *Yoshitsune*.
頼朝は義経をねたみ、義経追討の兵を挙げました。

Yoshitsune escaped to *Fujiwara-no-Hidehira* in *Oshu*. 義経は、藤原秀衡を頼り、奥州へ逃げました。

After *Hidehira's* death, *Yoshitsune* was attacked by *Fujiwara-no-Yasuhira* and he killed himself.
秀衡亡きあと、藤原泰衡に攻められ、義経は自害しました。

Chapter 2

The Famous People from the Kamakura Period to the Azuchi-Momoyama Period

---

第2章

鎌倉時代から安土桃山時代までの有名人

The Main Events and the Key People from the Kamakura Period to the Azuchi-Momoyama Period

① In 1192, *Minamoto-no-Yoritomo* became the barbarian
源頼朝　　　　　　　　　　　征夷大将軍

subduing general and established the *Kamakura*
～を開いた　　　　　鎌倉幕府

shogunate. ② After his death, the *Hojo* family, which was
北条氏

the family of *Yoritomo*'s wife, *Hojo Masako*, was at the
北条政子　　　　政治の実権を握った

helm of the government. ③ In 1221, ex-Emperor *Gotoba*
後鳥羽上皇

rose in arms and the *Jokyu* Disturbance broke out.
挙兵した　　　　　承久の乱　　　　　　　起こった

④ *Hojo Yasutoki* enacted the Legal Code of the shogunate.
北条泰時　　　～を制定した　幕府の法典(→御成敗式目)

⑤ While *Hojo Tokimune* was the regent, Yuan attacked
北条時宗　　　　　執権　　ユアン 元

Japan twice but was beaten back. ⑥ In the *Kamakura*
退けられた　　　　　　　　　　鎌倉時代

period, new sects of Buddhism founded by *Honen*,
宗派　　仏教　　～によって開かれた　法然

Shinran, *Nichiren*, and others became popular.
親鸞　　　日蓮

⑦ Emperor *Godaigo* planned to defeat the *Kamakura*
後醍醐天皇　　　　～を計画した　～を倒す

shogunate. ⑧ *Kusunoki Masashige, Ashikaga Takauji,*
楠木正成　　　　　足利尊氏

and *Nitta Yoshisada* also rose in arms and the *Kamakura*
新田義貞

shogunate was defeated. ⑨ Emperor *Godaigo* tried to

return to the government with the Court at the center
〜を取り戻す　朝廷を中心とする政治
of power, but *Godaigo* escaped to *Yoshino* because
〜に逃れた
Takauji stood in his way. [10] Later, *Takauji* became the
立ちはだかった
barbarian subduing general. [11] The third shogun
3代将軍足利義満
Ashikaga Yoshimitsu built a palace in *Muromachi*,

Kyoto, and made it the center of the government.
政治の中心

鎌倉時代から安土桃山時代までの主な出来事と人物

[1] 1192年、**源頼朝**（みなもとのよりとも）は征夷大将軍となり、鎌倉幕府を開きました。[2] 頼朝の死後、妻の**北条政子**の実家である北条氏が政治の実権を握りました。[3] 1221年、**後鳥羽上皇**（ごとばじょうこう）が挙兵し、承久の乱が起こりました。[4] **北条泰時**（やすとき）は御成敗式目（ごせいばいしきもく）を制定しました。[5] **北条時宗**（ときむね）が執権（しっけん）のとき、元（げん）が二度にわたって攻めてきましたがこれを退けました（しりぞ）。[6] 鎌倉時代には、**法然**（ほうねん）・**親鸞**（しんらん）・**日蓮**（にちれん）などによって開かれた新しい仏教が広まりました。[7] **後醍醐天皇**（ごだいご）が鎌倉幕府を倒す計画を立てました。[8] **楠木正成**（くすのきまさしげ）・**足利尊氏**（あしかがたかうじ）・新田義貞（にったよしさだ）らが挙兵し、鎌倉幕府が滅亡しました。[9] 後醍醐天皇は、朝廷による政治を復興しようとしましたが、尊氏と対立し、吉野に逃れました（のが）。[10] 尊氏は征夷大将軍（せいい）になりました。[11] 3代将軍**足利義満**（よしみつ）は京都の室町の邸宅（ていたく）で政治を行ないました。

⑫In 1467, the *Onin* War broke out and the time came
（応仁の乱）（起こった）（〜の時代がきた）
when low ranking people often defeated high ranking
（下の階級の者が上の階級の者を倒すことがよくあった（→下剋上））
people.   ⑬Around that time, there were powerful

warring lords such as *Takeda Shingen*, *Uesugi Kenshin*,
（戦国大名）（〜のような）（武田信玄）（上杉謙信）
Mori Motonari, and *Date Masamune*.
（毛利元就）（伊達政宗）
⑭*Oda Nobunaga* went up to *Kyoto* and defeated the
（織田信長）
Muromachi shogunate. ⑮*Nobunaga* killed himself in
（室町幕府）（自害した）
Honno-ji temple because his own servant, *Akechi*
（本能寺）（家臣）（明智光秀）
Mitsuhide, betrayed him. ⑯*Toyotomi Hideyoshi*, who
（〜を裏切った）（豊臣秀吉）
defeated *Mitsuhide*, unified Japan as the successor of
（全国を統一した）（〜の後継者として）
Nobunaga.   ⑰*Takenaka Hanbe* and *Kuroda Kanbe*
（竹中半兵衛）（黒田官兵衛）
helped *Hideyoshi* with unifying Japan as his able staff.
（〜が〜するのを助けた）（名参謀として）
⑱*Sen-no-Rikyu* established *wabicha*, a simple tea
（千利休）（わび茶）
ceremony, under the umbrella of *Hideyoshi*.
（〜の保護のもと）
⑲After *Hideyoshi*'s death, *Maeda Toshiie* tried to lead
（前田利家）（〜を率いる）
the *Toyotomi* family. ⑳In 1600, the Battle of *Sekigahara*
（豊臣家）（関ヶ原の戦い）
broke out between *Ishida Mitsunari* and *Tokugawa*
（石田三成）（徳川家康）

Ieyasu. [21] The house councilor of the *Uesugi* family,
　　　　家老　　　　　　　　　　　　　　　　　　　　上杉家

Naoe Kanetsugu, stood with *Mitsunari*'s west army,
直江兼続　　　　　　　　　～の側についた　　　　　西軍

but *Ieyasu*'s east army won. [22] *Ieyasu* destroyed the
　　　　　　東軍　　　　　　　　　　　　　　　～を滅ぼした

Toyotomi family in the Winter Battle of *Osaka* and the
　　　　　　　　　　　　　大坂冬の陣

Summer Battle of *Osaka* in spite of the fact that *Sanada*
大坂夏の陣　　　　　　　　　～にもかかわらず　～という事実　　真田幸村

Yukimura stood against him.
　　　　　　～に抵抗した

---

⑫ 1467 年、応仁の乱が起こり、下剋上の風潮が広まりました。
⑬ **武田信玄、上杉謙信、毛利元就、伊達政宗**ら、有力な戦国大名が現れました。
⑭ **織田信長**が京都に上り、室町幕府を滅ぼしました。 ⑮ 信長は家臣の**明智光秀**にそむかれて本能寺で命を落としました。 ⑯ 光秀を倒した**豊臣秀吉**は、信長の後継者となり、全国を統一しました。 ⑰ **竹中半兵衛**と**黒田官兵衛**は、名参謀として秀吉の天下統一に貢献しました。 ⑱ **千利休**は秀吉の保護を受け、わび茶を完成しました。
⑲ 秀吉の死後、**前田利家**が豊臣家をまとめようとしました。 ⑳ **石田三成**と徳川家康が対立し、1600 年に関ヶ原の戦いが起こりました。 ㉑ 上杉家の家老であった**直江兼続**は三成の西軍につきましたが、家康の東軍が勝ちました。 ㉒ 家康は、大坂冬の陣、大坂夏の陣により、**真田幸村**らの抵抗を受けながらも豊臣氏を滅ぼしました。

18. Minamoto-no-Yoritomo (1147 - 1199)

① *Minamoto-no-Yoritomo* was
源頼朝
born as a son of *Yoshitomo*.
〜として生まれた
② The *Heiji* Disturbance broke
平治の乱   起こった
out between his father and
Taira-no-Kiyomori. ③ As a
その結果
result, *Yoshitomo* was defeated and killed. ④ *Yoritomo*
敗れた
was arrested and he was exiled to *Izu*. ⑤ He stayed
捕らえられた   〜に流された
there, keeping his eyes open for a chance to strengthen
〜に目を光らせながら   勢力を強める
his power again. ⑥ Meanwhile, he got married to *Hojo*
                  その間に   〜と結婚した
Masako.

⑦ Retired Emperor *Goshirakawa*'s son, Prince
後白河法皇   以仁王
Mochihito, ordered the defeat of the *Hei-shi* family.
          〜を命令した 〜を倒すこと   平氏
⑧ *Yoritomo* took advantage of this chance and rose in
            〜を利用した   挙兵した
arms, but he lost the Battle of Mt. *Ishibashi* in *Sagami*
          敗れた 石橋山の戦い   相模国
province (*Kanagawa*) and escaped to *Awa* province
                              〜へ逃れた   安房国
(*Chiba*). ⑨ Later, *Yoritomo* moved to *Kamakura* in order
                                              〜するために

to set up a new system of the government. [10] *Yoritomo*
新しい政治のしくみを作り上げる

sent his younger brother, *Yoshitsune*, to the capital,
都

and drove the *Hei-shi* family into a corner. [11] *Yoritomo*
〜を追いつめた

finally defeated them in the Battle of *Dan-no-ura*.
壇ノ浦の戦い

[12] He was appointed as barbarian subduing general (*Seii-*
〜に任命された　　　　征夷大将軍

tai-shogun) and established the *Kamakura* shogunate.
〜を開いた　　　　　鎌倉幕府

---

18. 源頼朝 （1147 〜 1199 年）

①源頼朝は、源義朝の子として生まれました。②父義朝と平清盛との間に平治の乱が起こりました。③義朝は敗れて殺されました。④頼朝も捕えられて伊豆に流されました。⑤頼朝は伊豆で暮らしながら、源氏の勢力を盛り返すチャンスを狙っていました。⑥その間に、頼朝は北条政子と結婚しました。⑦後白河法皇の子の以仁王が、平氏を倒せという命令を出しました。⑧頼朝はこれを受けて挙兵しましたが、相模国（神奈川県）の石橋山の戦いで敗れ、安房国（千葉県）に逃れました。⑨その後、頼朝は鎌倉に移り、政治のしくみを固めていきました。⑩頼朝は弟の源義経らを都に攻め上らせ、平氏を追いつめました。⑪壇ノ浦の戦いで、ついに平氏を滅ぼしました。⑫頼朝は、征夷大将軍に任命され、鎌倉幕府を開きました。

19. Hojo Masako (北条政子)

Masako, a daughter of a local rich family in *Izu* province, *Hojo*, got married to *Minamoto-no-Yoritomo*.
伊豆国（静岡県）の豪族北条家の娘だった政子は、源頼朝と結婚しました。

Yoritomo became the barbarian subduing general and established the *Kamakura* shogunate.
頼朝は征夷大将軍となり、鎌倉幕府を開きました。

After *Yoritomo* died, *Masako* became a nun.
頼朝が亡くなると、政子は尼になりました。

Masako held real power by appointing her brother, *Hojo Yoshitoki*, as regent. She was called "the Nun Shogun".
政子は弟の北条義時を執権にして実権を握り、「尼将軍」と呼ばれました。

In 1221, ex-Emperor *Gotoba* rose in arms to get back the government (the *Jokyu* Disturbance).　1221 年、政権を取り戻そうと後鳥羽上皇が挙兵しました（承久の乱）。

The shogun's followers in the *Kanto* area were upset.　関東の御家人たちは動揺しました。

Masako cheered up the followers.　政子は御家人たちを励ましました。

The shogunate army attacked *Kyoto* and won.
幕府軍は京都へ攻めのぼり、勝利しました。

59

20. Ex-Emperor Gotoba （1180 - 1239）

① Ex-Emperor *Gotoba* was born
後鳥羽上皇

in 1180, when *Minamoto-no-*
その年は

Yoritomo rose in arms to defeat
挙兵した   ～を倒す

the *Hei-shi* family. ② His
平氏

brother, Emperor *Antoku* left
安徳天皇

Kyoto with the *Hei-shi* family chased by the *Gen-ji*
～に追われた   源氏

family, so *Gotoba* took the throne.
即位した

③ Although Emperor *Gotoba* gave up his seat to his son,
地位を～に譲った

Emperor *Tsuchimikado*, *Gotoba* began to carry out the
土御門天皇   政治を行なう

government as an ex-emperor (*Insei*). ④ After
上皇

Minamoto-no-Yoritomo won the *Minamoto-Taira* War,
源平の合戦

he was appointed as barbarian subduing general and
～に任命された   征夷大将軍

established the *Kamakura* shogunate. ⑤ After
～を開いた   鎌倉幕府

Yoritomo's death, the regent *Hojo* family came to have
執権北条氏   実権を握る

real power. ⑥ When the third shogun *Minamoto-no-*
3代将軍源実朝

Sanetomo was killed, ex-Emperor *Gotoba* rose in revolt,
殺された   乱を起こした

called the *Jokyu* Disturbance, in order to return
　　　　承久の乱　　　　　　　　　　　　　　　　　　　　　　～を–に取り戻す
political power back to the Court. ⑦ However, the
政権　　　　　　　　　　　　朝廷
shogunate army pushed into *Kyoto* to defeat *Gotoba*,
幕府軍　　　　　　　～に攻め入った
and he was exiled to *Oki*.
　　　　～へ流された
⑧ Ex-Emperor *Gotoba* was good at Japanese poems,
　　　　　　　　　　　　　　～が得意だった
and he ordered *Fujiwara-no-Teika* and others to make
　～に–するように命じた　　　　　　　　　　　　　　　　　　～を編集する
up *The New Collection of Ancient and Modern Poems*.
『新古今和歌集』

20. 後鳥羽上皇（1180 ～ 1239 年）

①**後鳥羽上皇**が生まれた 1180 年は、源頼朝が平氏を倒すために挙兵した年にあたります。②源氏に追われた平氏に連れられて、兄・安徳天皇が、京都を離れたため、後鳥羽天皇が即位しました。

③後鳥羽天皇は、天皇の位を子の土御門天皇に譲り、上皇となって**院政**を始めました。④源平の合戦に勝利した源頼朝が**征夷大将軍**に任命され、**鎌倉幕府**を開きました。⑤頼朝の死後は、**執権**の北条氏が実権を握るようになっていました。⑥後鳥羽上皇は、3代将軍源実朝が暗殺されたのをきっかけに、政治を朝廷に取り戻すべく、**承久の乱**を起こしました。⑦しかし、京都に攻めてきた幕府軍に敗れ、隠岐へ流されました。

⑧後鳥羽上皇は和歌にも優れ、**藤原定家**らに命じて『**新古今和歌集**』を編集させました。

21. Honen (1133 - 1212)

① *Honen* was born in *Mimasaka*
法然　　　　〜で生まれた　　　美作国

province (*Okayama*). ② He

went up Mt. *Hiei* and became
比叡山

a monk when he was a boy.
修行僧

③ At that time, priests in big
大きな寺院の僧

temples filled their own pockets and led a life of luxury
私腹を肥やした　　　　　　　　　　　ぜいたくな暮らしをした

like nobles.
貴族

④ *Honen* felt suspicious about Buddhism, and he
〜に疑念を感じた　　　　　　仏教

practiced strict Buddhism on Mt. *Hiei* for 30 years. ⑤ He
厳しい仏教を実践した（→修行した）

taught that you could go to heaven by saying the prayer,
〜と教えた　　　　　　　　　　　極楽　　　念仏を唱えることで

"*Namu Amida Butsu*," again and again even if you
繰り返し　　　　　　〜だとしても

didn't practice strict Buddhism. ⑥ His teachings were
彼の教え

called the *Jodo* sect.
浄土宗

⑦ The teachings of *Honen* became popular not only
〜だけでなく〜の間でも

among poor people but also among samurai and nobles.
武士

⑧ However, the traditional Buddhist world on Mt. *Hiei*
伝統的な仏教界

and in *Nara* didn't accept the value of the teachings of
　　　　　　　　　　　　　　<u>～の価値を認める</u>

Honen. ⑨The Court was on the side of the priests of
　　　　　　<u>朝廷</u>　　　　　<u>～の味方をした</u>

the traditional sects, and forbade people to say the
<u>古い宗派</u>　　　　　　　　<u>～が-するのを禁止した</u>

prayer. ⑩Furthermore, *Honen* was exiled to *Shikoku.*
　　　　　<u>さらに</u>　　　　　　　<u>～へ流された</u>

⑪Later, *Honen* was let off and went back to *Kyoto,* but
　　　　　　　　<u>解放された</u>

he died before long. ⑫*Shinran*, who founded the *Jodo-*
　　　<u>まもなく</u>　　　　　　　　<u>～を開いた</u>　　<u>浄土真宗</u>

shin sect, was a pupil of his.
　　　　　　　　<u>弟子</u>

---

21. 法然 （1133 ～ 1212 年）

①法然は、美作国（岡山県）で生まれました。②法然は、少年のころに比叡山に登って僧になりました。③当時、大きな寺院の僧は私腹を肥やし、貴族のような生活をしていました。

④法然は仏教に疑問を感じ、約30年の間比叡山で修行しました。⑤そして法然は、厳しい修行をしなくても「南無阿弥陀仏」とくり返し念仏を唱えれば、極楽に行くことができると説きました。⑥法然の教えは浄土宗と呼ばれました。

⑦法然の教えは評判になり、庶民だけでなく、武士や貴族の間にも広まりました。⑧しかし、比叡山や奈良の伝統的な仏教界は、法然の教えに反発しました。⑨朝廷は古い宗派の僧たちの言い分を取り上げ、念仏を禁止しました。⑩そして、法然は四国へ流されました。⑪その後、許されて京都へ帰りましたが、まもなく亡くなりました。⑫浄土真宗を開いた親鸞は、法然の弟子にあたります。

22. Shinran (1173 - 1262)

① *Shinran* was born in *Kyoto*.
親鸞　　　　～で生まれた

② When he was a little child, he became a monk and practiced
修行僧　　　修行した
strict Buddhism for about 20 years on Mt. *Hiei*, on which
比叡山　　　そこには
there was the head temple of the *Tendai* sect.
総本山　　　　　　天台宗

③ However, *Shinran*, who was not able to accept the
～することができなかった　～に納得する　教え
teachings of the *Tendai* sect, left the temple and
became a pupil of *Honen*, who taught the value of the
弟子　　　　　　～を教えた　念仏の価値
prayer. ④ The *Jodo* sect got heavily suppressed, so
浄土宗　　　厳しく弾圧された
Honen was exiled to *Shikoku* and *Shinran* was exiled
～に流された
to *Echigo* province (*Niigata*). ⑤ Later, *Shinran* was let
越後国　　　　　　　　　　　　　解放された
off, but he didn't go back to *Kyoto*, instead, he spread
そのかわりに　　～を広めた
the teachings of prayer around the *Kanto* area.
念仏　　　　　　関東地方

⑥ *Shinran* taught that Buddha would save not only
～と教えた　　　　　　　　　　　～を救う　～だけでなく
those who were able to donate money or make offerings
～する人　　　　　　　寄付する　　　　お供えをする

64

to temples but also those who were greedy and worried
　　　　　　　　　　　　　　　　　　欲深い　　　　心配した
and realized their own inabilities and who couldn't do
　　　自覚した　　　　　　　能力のなさ
such good deeds. ⑦He also taught that you would be
　　よい行ない
able to go to heaven if you believed in *Amida* Buddha.
　　　　　　　　　極楽　　　　　　　　　　　　阿弥陀仏
⑧The teachings of *Shinran* were called the *Jodo-shin*
　　　　　　　　　　　　　　　　　　　　　　　浄土真宗
sect.

---

22. 親鸞（1173～1262年）

①親鸞は、京都で生まれました。②幼いころに出家し、天台宗の総本山である比叡山で約20年間修行しました。

③しかし、天台宗の教えに納得できなかったため山を下り、念仏の教えを説いていた法然の弟子になりました。④法然の浄土宗は厳しい弾圧を受け、法然は四国、親鸞は越後国（新潟県）に流されました。⑤その後、罪を許されましたが、親鸞は京都には戻らず、関東各地で念仏の教えを広めました。

⑥親鸞は、寺院に寄付をしたり高価なお供えをしたりする善人だけではなく、そのようなことができない欲望や悩みをたくさんもっている悪人こそが救われると説きました。⑦そして、阿弥陀仏の救いを信じれば極楽浄土に行くことができると説きました。⑧親鸞の教えは浄土真宗と呼ばれました。

23. Nichiren（日蓮）

Nichiren practiced strict Buddhism.　日蓮は修業を積みました。

He founded the *Hokke* sect, in which people say the *Nichiren* prayer.　題目を唱える法華宗を開きました。

He went to *Kamakura* to spread *Hokke-kyo*.　法華経の教えを説くため、鎌倉に行きました。

He spoke ill of other sects on the street.
町の辻に立って他宗を批判しました。

Nichiren sent *The Essay of Rissyo-Ankoku* to the shogunate.
日蓮は幕府の権力者に「立正安国論」を送りました。

Nichiren was exiled by the shogunate.
幕府は日蓮を流罪にしました。

After he was let off, he went to Mt. *Minobu* in *Kai* province (*Yamanashi*) with his pupils.
許されたのちは、甲斐国(山梨県)の身延山で弟子と暮らしました。

67

24. Hojo Yasutoki (1183 - 1242)

① *Hojo Yasutoki* was born as a son of *Hojo Yoshitoki*, who was a regent of the *Kamakura* shogunate. ② Ex-Emperor *Gotoba*, who was not happy with the rule of the shogunate, ordered the defeat of *Yoshitoki*, and the *Jokyu* Disturbance broke out in 1221. ③ *Yasutoki* attacked *Kyoto* as the general of the shogunate, and won the battle.

④ *Yasutoki* became an agent of the *Rokuhara* secret police in *Kyoto*, and kept watch on the Court and controlled samurai in western Japan. ⑤ He became the third regent and made the post of his assistant called *Rensho*. ⑥ He also selected 11 members from his family and powerful followers for a political council team (*Hyojo-shu*), and adopted a council system together

68

with the regent and his assistant.

⑦ Furthermore, *Yasutoki* enacted the Legal Code of the
　　　　　　　　　　　～を定めた　幕府の法典（→御成敗式目）
Shogunate (*Goseibai-shikimoku*). ⑧ It was a code
　　　　　　　　　　　　　　　　　　　　　　～を定めた式目
saying the customs which samurai should respect,
　　　　　　習慣　　　　　　　　　　　　　　　　　　重んじる
what the shogun's followers should do, and rules about
御家人がするべきこと　　　　　　　　　　　　　　　規則
the succession of property and about trials. ⑨ This code
財産相続　　　　　　　　　　　　　　　　裁判
was important as the rules which samurai should follow.
～として大切だった　　　　武士が従う規則

---

24. 北条泰時 （1183 ～ 1242 年）

①北条泰時は、鎌倉幕府の執権北条義時の子として生まれました。②1221 年、幕府の支配を快く思っていない後鳥羽上皇が北条義時を討てと命じ、**承久の乱**が起こりました。③泰時は、幕府側の総大将をつとめ、京都に攻め上り、勝利をおさめました。

④泰時は、**六波羅探題**となり、京都で朝廷の監視や西国の武士の統制にあたりました。⑤泰時は、3 代目の執権につくと、執権を補佐する**連署**という職を置きました。⑥また、一門や有力な御家人の中から 11 人を**評定衆**に選び、執権と連署との合議制を採用しました。

⑦さらに泰時は、**御成敗式目（貞永式目）**という武士の法律を定めました。⑧御成敗式目では、武士の慣習を守ることや御家人の役目、相続や裁判に関するきまりごとなどが示されました。⑨この法律は武士の規範として大切にされました。

25. Hojo Tokimune (1251 - 1284)

① *Hojo Tokimune* was born as
北条時宗　　　　　　　～として生まれた

a son of the fifth regent *Hojo*
5代執権北条時頼

Tokiyori. ② Around that time,

the Mongol people built a great
モンゴル民族　　　　　　～を築いた　大帝国

empire which spread from Asia
アジアからヨーロッパに広がった

to Europe. ③ Mongolian Emperor Kublai sent envoys to
モンゴル皇帝フビライ　　　　　　～へ使者を送った

Japan to order it to obey him. ④ The *Kamakura* shogunate
～するように命じる　　　　　　鎌倉幕府

took no notice of the envoys.
～を無視した

⑤ The Mongols changed the name of their country to
～を—に変えた　国名

Yuan and they sent envoys to Japan again, but the regent
元

Tokimune rejected their demands. ⑥ In 1274, the
～を拒否した　　　　　要求

Mongolian army landed on northern *Kyushu* (Mongol
モンゴル軍　　～に上陸した　北九州　　　　　　文永の役

Invasion in *Bunei*). ⑦ The Japanese army had a tough
日本軍　　　　　　苦戦をした

time, but, fortunately for Japan, the Mongolian army
日本にとって幸運なことに

withdrew its troops because they were hit by a strong
撤兵した　　　　　　　　　　　　暴風雨にあった

storm. ⑧ *Tokimune* placed shogun's followers in
～を—に配置した　御家人

northern *Kyushu* to keep watch over it and barricaded
〜を警備する　　　　　　　　　　　　　　　沿岸にバリケードをつくった

the shore for fear of another Mongol invasion.
　　　　〜を怖れて　　　　　　　　　侵略

⑨Although the Mongolian army attacked Japan again in
　〜だけれども

1281, another bad storm hit and they were forced back
　　　　　ひどい嵐が襲った　　　　　　　　　退却した

again (Mongol Invasion in *Koan*). ⑩These two attacks
　　弘安の役

were called the Mongol Invasions. ⑪*Tokimune* believed in
　　　　元寇　　　　　　　　　　　　　　　　〜を信仰した

the *Zen* sect, and he built *Engaku-ji* temple in *Kamakura*.
禅宗　　　　　　　　　　　円覚寺

---

25. 北条時宗 （1251 〜 1284 年）

①北条時宗は5代執権北条時頼の子として生まれました。②当時、アジアからヨーロッパにかけてモンゴルが大帝国を築いていました。③モンゴルの皇帝フビライは、日本を従えようと使者を送ってきました。④幕府はそれを無視しました。

⑤モンゴルは国号を元と改め、ふたたび使者を送ってきましたが、執権となった時宗は要求を断りました。⑥1274年、元軍が日本の北九州に上陸しました（**文永の役**）。⑦日本軍は苦しめられましたが、運よく暴風雨が吹き荒れ、元軍は撤退しました。⑧時宗は元軍の再来に備え、北九州を御家人に警護させ、沿岸に石塁をつくらせました。

⑨1281年、元軍が2度目の来襲をしかけてきましたが、またも暴風雨が起こり、元軍は退きました（**弘安の役**）。⑩2度にわたる元の来襲を、**元寇**といいます。⑪また、時宗は禅宗を信仰し、鎌倉に円覚寺を建てました。

26. Emperor Godaigo (1288 - 1339)

① Emperor *Godaigo* was a son
後醍醐天皇

of Emperor *Gouda* and his
後宇多天皇

given name was *Takaharu*.
(下の)名前

② He wanted to carry out the
政治を行なう

government with the emperor
天皇中心の

at the center of power, and he did away with the
~を廃止した

government by ex-emperor (*Joko*). ③ At that time, the
院政

shogunate's followers (*Gokenin*) were unhappy with the
~に不満だった

Kamakura shogunate, so Emperor *Godaigo* tried to
鎌倉幕府

overthrow the shogunate, only to fail. ④ He tried to
~を倒す   失敗に終わった

defeat it again in 1331, only to fail again, and he was
~を倒す

exiled to *Oki-no-shima* island by the shogunate.
~へ島流しにされた 隠岐島

⑤ However, he succeeded in overthrowing the shogunate

with the help of *Ashikaga Takauji*.
~の助けを借りて

⑥ In 1334, Emperor *Godaigo* changed the era name to
元号

Kenmu, and started the new government of *Kenmu*
建武   建武の新政

(*Kenmu-no-shinsei*), which tried to restore a
　　　　　　　　　　　　　　　　　　　　～を復活させる
government with the emperor at the center of power.

⑦ However, samurai became unsatisfied with him
　　　　　　武士　　　　～に不満を抱くようになった
because his government made much of the court nobles
　　　　　　　　　　　　～を重んじた　　　　朝廷の貴族(→公家)
(*Kuge*). ⑧ *Takauji* made *Komyo* the emperor in *Kyoto*

and had a conflict with Emperor *Godaigo*. ⑨ Emperor
　　　～と対立した
Godaigo escaped to *Yoshino*, and he later died there.
　　　　　～へ逃れた

26. 後醍醐天皇 （1288 ～ 1339 年）

①後醍醐天皇は後宇多天皇の子で、名を尊治といいました。②彼は天皇中心の政治を目指して、天皇に即位した後に院政を廃止しました。③当時は鎌倉幕府に対する御家人の不満が高まっていたため、1324年に幕府を倒そうとしましたが、失敗しました。④1331年にも討幕を企てますが再び失敗し、幕府によって隠岐島に流されてしまいました。⑤しかし、足利尊氏らの協力を得て、1333年に鎌倉幕府を倒すことに成功しました。⑥1334年、後醍醐天皇は元号を建武と改め、「建武の新政」といわれる天皇中心の政治を始めました。⑦しかし、彼の政治は公家中心のものだったので、武士は彼に不満を抱くようになりました。⑧足利尊氏は京都で光明天皇をたてて、後醍醐天皇と対立しました。⑨後醍醐天皇は吉野に逃れ、そのまま亡くなりました。

27. Kusunoki Masashige (1294? - 1336)

① It is said that *Kusunoki*
〜といわれる

Masashige was born into a
〜の家に生まれた

local rich family in *Kawachi*
豪族

(*Osaka*). ② When Emperor
後醍醐天皇

Godaigo planned to defeat the
〜を計画した   〜を倒す

Kamakura shogunate, *Masashige* rose in arms for
鎌倉幕府   兵を挙げた

Godaigo. ③ Emperor *Godaigo* was arrested by the
〜に捕らえられた

shogunate and exiled to *Oki-no-shima* island (*Shimane*).
〜に流された 隠岐島

④ After Emperor *Godaigo* escaped from it in 1333, he
〜から逃れた

fought with *Ashikaga Takauji* and *Nitta Yoshisada*,
〜とともに

and the *Kamakura* shogunage was ruined. ⑤ Emperor
滅びた

Godaigo started the government with the emperor at
天皇中心の政治

the center of power. ⑥ It is called the new government
建武の新政

of *Kenmu* (*Kenmu-no-shinsei*). ⑦ *Masashige* was

appointed as provincial governer (*Shugo*) in *Kawachi*
〜に任命された   守護

and *Izumi* (*Osaka*). ⑧ *Takauji*, who was not happy

with the new government, conflicted with the emperor
~と対立した
and it escalated into a battle.
~に発展した
⑨ In 1336, *Masashige* went to war with a small army to
出陣した
support *Nitta Yoshisada*, who was fighting against
~を助けるために
Takauji. ⑩ He was defeated in *Minatogawa* (*Hyogo*)
敗れた
and he killed himself.
自害した

27. 楠木正成 （1294 ？～ 1336 年）

①楠木正成は、河内（大阪府）の豪族の家に生まれたといわれています。②後醍醐天皇が鎌倉幕府を倒すことを計画したとき、正成は兵を集めて協力しました。③後醍醐天皇は 1331 年に幕府によって捕らえられ、隠岐島（島根県）に流されました。④1333 年に後醍醐天皇が隠岐島を脱出すると、足利尊氏や新田義貞らも立ち上がり、鎌倉幕府は滅亡しました。⑤そして、後醍醐天皇による天皇中心の政治が始まりました。⑥これを「建武の新政」といいます。⑦正成は河内・和泉（大阪府）の守護に任ぜられました。⑧しかし、新政に不満を抱いた足利尊氏は、天皇との対立を深め、やがて戦いに発展しました。⑨1336 年、尊氏と戦っていた新田義貞を助けるため、正成はわずかな兵を率いて出陣しました。⑩そして、湊川（兵庫県）で戦いに敗れ、自害しました。

28. Ashikaga Takauji (1305 - 1358)

① *Ashikaga Takauji* was born
足利尊氏 ｴｱ ～として生まれた
as an heir of the *Ashikaga*
跡継ぎ 足利
family in *Shimotsuke* province
下野国
(*Tochigi*). ② The *Ashikaga*

family was a powerful follower
有力な御家人
of the *Kamakura* shogunate. ③ In 1333, Emperor
後醍醐天皇
Godaigo tried to defeat the *Kamakura* shogunate, so it
鎌倉幕府
sent *Takauji* to put down the revolt. ④ However, *Takauji*
平定する 反乱
was against the order and took control of the *Rokuhara*
～にそむいた 命令 ～を陥落させた 六波羅探題
secret police. ⑤ The *Kamakura* shogunate was defeated
～によって倒された
by *Takauji*, *Nitta Yoshisada*, and others.

⑥ Emperor *Godaigo* carried out the new government
～を行なった 建武の新政
of *Kenmu*: the government with the emperor at the
天皇中心の政治
center of power. ⑦ However, samurai, who were not
十分に恩賞を受けなかった
rewarded enough for overthrowing the shogunate, were
倒幕
frustrated. ⑧ *Takauji* rose in arms with those samurai.
不満だった 挙兵した

⑨ He defeated <u>*Nitta Yoshisada* and *Kusunoki Masashige*</u>,
　　　〜を倒した
who were sent by Emperor *Godaigo*, and <u>invaded</u>
　　　　　　　　　　　　　　　　　　　　　〜に攻め入った
Kyoto. ⑩ When *Takauji* made Emperor *Komyo* take the
　　　　　　　　　　　　　光明天皇　　　　　　即位する
<u>throne</u>, Emperor *Godaigo* <u>escaped to</u> *Yoshino*.
　　　　　　　　　　　　　　〜に逃れた
⑪ *Takauji* was <u>appointed as</u> <u>barbarian subduing general</u>
　　　　　　　　〜に任命された　　　征夷大将軍
by the northern Court.

---

28. 足利尊氏 （1305 ～ 1358 年）

①足利尊氏は、足利家の子として下野 国（栃木県）に生まれました。②足利家は、鎌倉幕府の中で有力な御家人でした。
③1333 年、**後醍醐天皇が鎌倉幕府を倒そうとしたとき、幕府は反乱を平定するために尊氏を出陣させました。④しかし、尊氏は幕府にそむき、京都の六波羅探題を滅ぼしました。⑤尊氏や新田義貞らのはたらきにより、鎌倉幕府は倒されました。
⑥後醍醐天皇は、天皇中心の**建武の新政**を始めました。⑦しかし、幕府を倒すのに活躍した武士の恩賞が低かったため、武士の不満が高まりました。⑧尊氏は、新政に不満をもつ武士とともに兵を挙げました。⑨尊氏は、後醍醐天皇がさしむけた新田義貞、楠木正成を次々と破り、京都に入りました。⑩尊氏は新たに光明天皇をたて、後醍醐天皇は吉野に逃れました。
⑪尊氏は、北朝から**征夷大将軍**に任命されました。

29. Ashikaga Yoshimitsu (1358 - 1408)

[1] *Ashikaga Yoshimitsu*, who
足利義満
was a grandson of *Takauji*,
〜の孫
became the third shogun of the
Ashikaga shogunate after his
father, the second shogun
Ashikaga Yoshiakira, died.

[2] He built "Floral Imperial Palace" in *Muromachi*,
花の御所
Kyoto, and made it the center of the government,
政治の中心
therefore his government was called the *Muromachi*
室町幕府
shogunate. [3] At that time, there were two courts in the
朝廷
north (*Kyoto*) and south (*Yoshino*), and they were on
対立していた
bad terms for more than half a century. [4] *Yoshimitsu*
半世紀以上の間
sent an envoy to the southern court to propose they
〜に使者を送った   南朝   提案する
take turns being the emperor, and he succeeded in
交代で〜になる   〜の統一に成功した
unifying them. [5] However, in fact, only the northern
北朝
court survived. [6] *Yoshimitsu* left the throne up to his
存続した   〜に王位を譲った

nine-year-old son, *Yoshimochi*.
9 歳の息子

⑦ *Yoshimitsu* kept his power after that. ⑧ He sent a
　　　　　　　権力を持ち続けた

letter to Ming and established diplomatic relations. ⑨ At
　　　　明（ミング）　　　国交を開いた

that time, *Yoshimitsu* was given the title of "the King of
　　　　　　　　　　　　　　　　　　　　　　「日本国王」の称号

Japan". ⑩ In *Kitayama, Kyoto, Yoshimitsu* built the

Kinkaku-ji villa as a part of a palace called *Kitayama-*
金閣　　　　　　屋敷の一部として

dai.

---

29. 足利義満 （1358 ～ 1408 年）

①足利義満は足利尊氏の孫で、2 代将軍の父・足利義詮の死去に伴い、足利 3 代将軍になりました。

②義満は京都の室町に「花の御所」をつくり、そこで政治を行なったことから、室町幕府と呼ばれるようになりました。③そのころの朝廷は京都と吉野の南北に分かれ、半世紀以上も対立していました。④義満は南朝に使者を送って、南朝と北朝が交代で天皇の位につくことを提案し、南北朝を統一することに成功しました。⑤しかし実際には北朝が続きました。⑥義満は 9 歳の息子・義持に将軍職を譲りました。

⑦義満はその後も権力を持ち続けました。⑧義満は明に国書を送り、国交を開きました。⑨このとき、義満は明の皇帝から「日本国王」の称号を授かりました。⑩また、義満は京都の北山に「北山第」と呼ばれる豪華な屋敷をつくり、金閣を建てました。

30. Takeda Shingen (1521 - 1573)

[1] *Takeda Shingen* was born as
武田信玄　　　　　　　　～として生まれた
the first son of a warring lord
長男　　　　　　　戦国大名
in *Kai* province (*Yamanashi*),
甲斐国
Takeda Nobutora. [2] *Shingen*
exiled his father to *Suruga*
～を追放した　　　　　　駿河国
province (*Shizuoka*), and took over the head of the
～を継いだ
family at the age of 21. [3] He enacted a domestic law
～歳のときに　　　　～を定めた　　分国法
named *Koshu* Law to control his servants and peasants.
～という名前の 甲州法度之次第　　　　家臣　　　　　　農民
[4] *Shingen* made his soldiers master horse riding and
～に～を習得させた 兵士　　　　　　乗馬
organized horseback soldiers.
組織した　　　騎馬隊
[5] *Shingen* conflicted with *Uesugi Kenshin* in *Echigo*
～と対立していた　　　　　　越後国
province (*Niigata*) for the rule over *Shinano* province
～の支配をめぐって　　信濃国
(*Nagano*). [6] They fought four times in *Kawanakajima*
(*Nagano*), but it was not settled. [7] *Shingen* decided to go
決着しなかった
to *Kyoto* to unify Japan. [8] On his way, he fought against
天下統一する　　　　途中で
Tokugawa Ieyasu in *Mikatagahara, Totomi* province
遠江国

(*Shizuoka*), and defeated him. [9] However, he died of
<u>～を破った</u>　　　　　　　　　　　　　　　　　<u>病死した</u>

illness without realizing his ambition to unify Japan.
　　　　<u>～せずに</u>　<u>～するという野望を実現すること</u>

[10] *Shingen* built a bank along a river, which ran through
　　　　　　　　<u>堤防</u>　　　　　　　　　　　<u>～を流れていた</u>

Kofu basin, with stones for flood control. [11] This was
<u>甲府盆地</u>　　　　　　　　　　<u>治水</u>

called *Shingen* bank and it protected people in *Kai*
　　　<u>信玄堤</u>　　　　　　　　　<u>～を守った</u>

province.

---

30. 武田信玄 (1521 ～ 1573 年)

①武田信玄は、甲斐国（山梨県）の戦国大名であった武田信虎の長男として生まれました。②信玄は21歳のとき、父を駿河国（静岡県）へ追放し、家を継ぎました。③信玄は、家臣や農民を支配するため、甲州法度之次第という分国法（家法）を定めました。④また、信玄は、兵士たちに馬をあやつる訓練をさせて、騎馬隊を組織しました。

⑤信玄は、信濃国（長野県）の支配をめぐって越後国（新潟県）の上杉謙信と対立していました。⑥川中島（長野県）で4度戦いましたが、決着はつきませんでした。⑦信玄は、天下統一を目指して京都に向かいました。⑧京都へ向かう途中、信玄は遠江国（静岡県）の三方ヶ原で徳川家康の軍と戦ってこれを破りました。⑨しかし信玄は病気のため、天下統一の志半ばで亡くなりました。

⑩信玄は、甲府盆地を流れる川の洪水を防ぐため、石垣を作りました。⑪この堤防は信玄堤と呼ばれ、長い間、甲斐国を水害から守りました。

31. Uesugi Kenshin (1530 - 1578)

①*Uesugi Kenshin* was born as
上杉謙信　　　　　　　　　　〜として生まれた

a son of vice-provincial
守護代

governor in *Echigo* province
越後国

(*Niigata*), *Nagao Tamekage*,

and he became the lord of

Kasugayama-jo castle. ②*Kenshin* took over the post
春日山城　　　　　　　　　　〜から—を譲り受けた　管領の地位

of shogun's assistant and the family name from the
姓

Uesugi family because he helped the shogun's assistant
上杉氏

in the *Kanto* area, *Uesugi Norimasa*, who was escaped
関東地方　　　　　　　　　　　　　　　　　　〜から逃れた

from *Kamakura* chased by *Hojo Ujiyasu*.
　　　　　　〜に追われて

③In *Kawanakajima* (*Nagano*), *Kenshin* fought many
　　　　　　　　　　　　　　　　　　〜と何度も激しい戦いをした

severe battles against *Takeda Shingen*, who expanded
　　　　　　　　　　　　　　　　　　　　　〜に勢力を伸ばした

into *Shinano* province (*Nagano*) from *Kai* province
　　　信濃国　　　　　　　　　　　　　甲斐国

(*Yamanashi*). ④It is said that *Kenshin* attacked
　　　　　　　　〜といわれている　　　　　　〜を攻撃した

Shingen's camp alone and hurt him in 1561.
信玄の本陣　　　　　　　　〜を傷つけた

⑤It is also said that *Kenshin* strongly believed in
　　　　　　　　　　　　　　　　　　強く信仰した

Buddhism and thought himself as the reincarnation of
仏教　　　　　　　　自分を～の生まれ変わりだと思っていた

the god of war, *Bishamonten*. ⑥ He was also known as
戦いの神

a person of honor. ⑦ For example, he sent salt to the
信義を重んじる人

people in *Kai* province, which was *Shingen*'s territory,
　　　　　　　　　　　　　　　　　　　　領地

when he learned they suffered from a lack of salt.
　　　　　～を知った　　　　　～に苦しんだ　　　　塩不足

⑧ The Japanese expression, "sending salt to one's
　　　　　　　　　言い回し　　　　　　　　敵に塩を送る

enemy" comes from this story.
　　　　　　～に由来する

---

31. 上杉謙信（1530 ～ 1578 年）

　①上杉謙信は、越後国（新潟県）の守護代・長尾為景の子として生まれ、春日山城主となりました。②北条氏康に追われて鎌倉から逃げてきた関東管領の上杉憲政を助けたことから、謙信は、上杉氏から管領の職と上杉の姓を譲り受けました。
　③謙信は、甲斐国（山梨県）から信濃国（長野県）へ進出してきた武田信玄と、川中島（長野県）で激しい戦いをくり返しました。④1561 年の戦いでは、謙信は一人で信玄の本陣に切り込み、信玄に傷を負わせたといわれています。
　⑤謙信は、仏教を深く信仰し、自らを戦いの神「毘沙門天」の生まれ変わりであると信じていたといわれています。⑥信義を重んじたことでも知られています。⑦信玄の領地である甲斐国の人々が塩不足で困っているのを知った謙信は、塩を送ったといわれています。⑧これが、「敵に塩を送る」という言葉の由来です。

32. Naoe Kanetsugu (1560 - 1619)

① *Naoe Kanetsugu* served
直江兼続　　　～に仕えた
Uesugi Kagekatsu in *Echigo*
越後国
province (*Niigata*), who was an

adopted son of *Uesugi Kenshin*.
養子
② After *Kenshin* died, *Kagekatsu*

succeeded to the head of the *Uesugi* family through the
上杉家を継いだ　　　　　　　　　　　　　　～の尽力によって
effort of *Kanetsugu* (*Otate* Disturbance). ③ *Kagekatsu*

gave *Kanetsugu* up for adoption to the *Naoe* family,
～を―に養子に出した　　　　　　　　　　　　　　　　直江家
and *Kanetsugu* succeeded to the head of the family.

④ *Kanetsugu* was at the helm of the *Kagekatsu*
　　　　　　　　～の実権を握った　　　　　　景勝政権
administration, and he was active in domestic affairs and
　　　　　　　　　　　　　　　　　　　　　　内政
foreign affairs. ⑤ *Kagekatsu* moved up to one of the five
外交　　　　　　　　　　～まで上りつめた　　　　　五大老
great senior councilors during the *Toyotomi* administration.
　　　　　　　　　　　　　　　　　　　豊臣政権
⑥ The Battle of *Sekigahara* broke out in 1600, and the
関ヶ原の戦い　　　　　　起こった
Uesugi army stood with the west army. ⑦ The *Uesugi*
上杉軍　　　～についた　　西軍
family was about to be ruined because the west army
　　　　～しそうになった　滅びる

84

was defeated. [8] *Kanetsugu* held out an olive branch to
<u>敗れた</u>　　　　　　　　　　　　<u>〜にオリーブの枝を差し出した（→〜に和議を申し出た）</u>
Ieyasu to <u>keep</u> the *Uesugi* family <u>going</u>. [9] Although the
　　　　　　　<u>〜を存続させる</u>
Uesugi family was not ruined, its <u>territory</u> was moved
　　　　　　　　　　　　　　　<u>領地</u>
and cut from one million and 200 thousand *koku* (an
　　　　　　　<u>120万石</u>
<u>unit of rice capacity</u>) in *Aizu* to 300 thousand *koku* in
<u>米の容量の単位</u>
Dewayonezawa. [10] *Kanetsugu*, who moved to

Yonezawa, developed <u>castles and towns</u>, and worked
　　　　　　　　　<u>城や町を整備した</u>
hard for <u>flood control</u>.
　　　　　<u>治水</u>

---

32. 直江兼続（1560〜1619年）

[1] 直江兼続は、上杉謙信の養子となった越後国（新潟県）の上杉景勝に仕えていました。[2] 謙信の死後、兼続らのはたらきにより景勝が上杉家を継ぎました（御館の乱）。[3] 景勝の意向で兼続は直江家の養子になり、直江家を継ぎました。[4] 兼続は、景勝政権の実権を握り、内政や外交で活躍しました。[5] 景勝は豊臣政権時代、五大老にまで上りつめました。

[6] 1600年に起こった関ヶ原の戦いで、上杉軍は西軍につきました。[7] 西軍は敗れたため、上杉家は存続の窮地に立たされました。[8] 兼続は、上杉家存続のため家康側と和議交渉を行ないました。[9] 上杉家は存続したものの、会津120万石から出羽米沢30万石へ領地を移されました。[10] 米沢に移った兼続は、城や町の整備を行ない、治水事業にも力を尽くしました。

33. Date Masamune (1567 - 1636)

① *Date Masamune*, who was
伊達政宗
born in *Yonezawa* (*Yamagata*),

was a warring lord in the
戦国大名
Azuchi-Momoyama period.
安土桃山時代
② He lost the sight in his right
〜の視力を失った
eye because of illness in his childhood, so he was later
子どものころに
called "One-Eyed Dragon". ③ *Masamune* succeeded to
独眼竜   家を継いだ
the head of the family when he was young, and defeated
滅ぼした
neighboring lords to enlarge his territory.
近隣の大名   領土を広げる
④ Around that time, *Toyotomi Hideyoshi* ruled over
〜を治めていた
more than half of Japan. ⑤ *Hideyoshi* attacked the *Hojo*
大半   〜を攻撃した 北条氏
family in *Odawara* (*Kanagawa*) to rule over the *Kanto*
関東地方
area. ⑥ *Hideyoshi* ordered *Masamune* to take part in
〜に—するように命じた   参戦する
the battle, but *Masamune* didn't join in time.
間に合わなかった
⑦ *Hideyoshi* got angry at that, and he seized *Masamune*'s
〜に怒った   〜を没収した
territory in *Aizu* (*Fukushima*). ⑧ However, *Masamune*
領地

didn't lose his main territory because he obeyed
<u>〜を失う</u>　<u>本領</u>　　　　　　　<u>〜に服従した</u>
Hideyoshi after that. ⑨ After *Hideyoshi*'s death, he

obeyed *Tokugawa Ieyasu*. ⑩ He stood with in the east
　　　　　　　　　　　　　<u>東軍</u>

army in the Battle of *Sekigahara*, and he fought against
　　　　　<u>関ヶ原の戦い</u>　　　　　　　　<u>〜と戦った</u>
the *Uesugi* army.
<u>上杉軍</u>

⑪ Later, *Masamune* moved to a castle in *Sendai*
　　　　　　　　　　<u>居城を移した</u>
(*Miyagi*) and became the head of the *Sendai* domain
　　　　　　　　　　　<u>仙台藩藩主</u>
(*han*).

---

33. 伊達政宗（1567 〜 1636 年）

①伊達政宗は、安土桃山時代の戦国大名で米沢（山形県）に生まれました。②幼いころに病気で右眼が見えなくなり、後に「独眼竜」と呼ばれました。③政宗は若くして家を継ぎ、近隣の大名を滅ぼして、領地を広げていきました。

④そのころ、豊臣秀吉が天下の大半を治めていました。⑤秀吉は関東地方を平定するため、小田原（神奈川県）の北条氏を攻めました。⑥このとき、政宗に参戦を命じましたが、政宗は出遅れました。⑦このため、秀吉の怒りをかい、政宗が治めていた会津（福島県）を没収されました。⑧その後政宗は秀吉に従ったので、本領は没収されずにすみました。⑨秀吉の死後、徳川家康に従いました。⑩関ヶ原の戦いが起きたときには東軍につき、東北地方で上杉軍と戦いました。

⑪政宗は仙台（宮城県）に居城を移し、仙台藩藩主となりました。

34. Mori Motonari (1497 - 1571)

① *Mori Motonari* was born in
毛利元就

Aki province (*Hiroshima*),
安芸国

and he became the head of the
当主

province. ② At that time, the

Mori family obeyed *Amako*
毛利氏   ～に従っていた

Haruhisa in *Izumo* province (*Shimane*) and *Ouchi*
出雲国

Yoshitaka in *Suo* and *Nagato* province (*Yamaguchi*)
周防・長門国

because the *Mori* family were not powerful yet.

③ *Motonari* adopted his second son, *Motoharu*, out to
～を一に養子として入れた

the *Kikkawa* family, and his third son, *Takakage*, out to
吉川家

the *Kobayakawa* family in order to rule over *Aki*
小早川家   ～するために   ～を支配する

province.

④ *Ouchi Yoshitaka* was killed by his servant, *Sue*
家臣

Harukata. ⑤ *Motonari* took advantage of this chance to
～を利用して―した

defeat *Sue Harukata* in the Battle of *Itsuku-shima*, and
～を破る   厳島の戦い

also ruined the *Amako* family. ⑥ *Motonari* grew up
～を滅ぼした 尼子氏   ～に成長した

88

on his own to be a warring lord, who ruled over almost
実力で　　　　　　　　　戦国大名

all the *Chugoku* area.
中国地方

⑦ *Motonari* compared his three sons, *Mori Takamoto,*
〜を─にたとえた

Kikkawa Motoharu, and *Kobayakawa Takakage,* to

three arrows, and said, "You can break one arrow, but
3本の弓矢　　　　　　　　「1本の矢を折ることはできるが、3本をいっしょに折ることはできない」

you can not break three all together." ⑧ This story about

brothers' unity is very famous.
兄弟の結束

---

34. 毛利元就 (1497〜1571年)

①毛利元就は、安芸国（広島県）に生まれ、安芸国の当主となりました。②当時の毛利氏は勢いが弱かったため、出雲国（島根県）の尼子晴久や周防・長門国（山口県）の大内義隆に従っていました。③元就は、次男の元春を吉川家に、三男の隆景を小早川家に養子として入れ、安芸国の支配を固めました。

④大内義隆が家臣の陶晴賢に討たれるという事件が起こりました。⑤元就はこの機を逃さず陶晴賢を厳島の戦いで破り、ついで尼子氏も攻め滅ぼしました。⑥元就は、実力で中国地方のほぼ全域を支配下に置く戦国大名に成長しました。

⑦元就が、長男・毛利隆元、次男・吉川元春、三男・小早川隆景を3本の弓矢にたとえ、「1本ではもろい矢も、束になれば折れない」と言いました。⑧兄弟の団結を強く訴えたこの話は有名です。

35. Oda Nobunaga (1534 - 1582)

① *Oda Nobunaga* was born in
織田信長
Owari province (*Aichi*). ② He
尾張国
was called "a perfect idiot"
大うつけ者
because he always acted very
いつも奇妙なことをしていた
strangely. ③ After his father,

Nobuhide, died, he became a warring lord in *Owari*
大名
province. ④ In 1560, *Imagawa Yoshimoto* attacked

Owari with his large army of 25,000. ⑤ In the rain,
25,000 の大軍を率いて
Nobunaga made a surprise attack on *Yoshimoto* with
〜に奇襲をしかけた
only 2,000 soldiers, and killed him. ⑥ This is called the
わずか 2,000 の兵
Battle of *Okehazama*.
桶狭間の戦い
⑦ *Nobunaga* went up to *Kyoto* and held real power by
〜することで実権を握った
appointing *Ashikaga Yoshiaki* as shogun. ⑧ Later, he
〜を—に任命すること
kicked *Yoshiaki* out of *Kyoto* and ruined the
〜を—から追放した   〜を滅ぼした
Muromachi shogunate. ⑨ In the Battle of *Nagashino*,
室町幕府   長篠の戦い
he organized a gun unit and defeated the *Takeda* army.
〜を組織した   鉄砲隊   〜を討ち破った 武田軍

⑩*Nobunaga* built *Azuchi-jo* castle in *Omi* province
　　　　　　　　　～を築いた　安土城　　　　　　　　　近江国
(*Shiga*), and free markets (*Rakuichi-Rakuza*) were held
　　　　　　自由な市場　　　　　　　　　　　　開かれた
for the development of free commerce and industry.
　　　　自由な商工業の発展
⑪*Nobunaga* killed himself in *Honno-ji* temple in *Kyoto*
　　　　　　自害した　　　　　　　本能寺
on his way to the *Chugoku* area because of the betrayal
～へ行く途中　　　中国地方　　　　　　　　　　　謀反
of his servant, *Akechi Mitsuhide*.
　　　　家臣

35. 織田信長（1534 ～ 1582 年）

①織田信長は、尾張国（愛知県）に生まれました。②奇妙なふるまいをすることが多く、「大うつけ者」と呼ばれていました。③父信秀の死後、尾張国の大名となりました。④1560 年、駿府国（静岡県）の今川義元が2万5千の大軍を率いて尾張に攻め入りました。⑤信長はわずか2千の兵を率い、雨の中、奇襲をしかけ、義元を討ち取りました。⑥この戦いを桶狭間の戦いといいます。

⑦信長は京都に上り、足利義昭を将軍にして実権を握りました。⑧その後義昭を追放して、室町幕府を滅ぼしました。⑨長篠の戦いでは、鉄砲隊を組織して武田軍を討ち破りました。

⑩信長は近江国（滋賀県）に安土城をつくり、自由な商工業の発展をはかるため、楽市・楽座を行ないました。

⑪信長は、中国地方に向かうため、京都の本能寺に泊まっていたとき、家臣の明智光秀の謀反にあい、自害しました。

36. Akechi Mitsuhide (1528? - 1582)

① It is said that *Akechi*
〜といわれている　　明智光秀
Mitsuhide was from the *Toki*
〜出身で　　　　　　　土岐氏
family, who governed *Mino*
〜を治めていた　美濃国
province *(Gifu).* ② He served a
〜に仕えた
warring lord in *Echizen*
戦国大名　　　　　　　越前国
province *(Fukui), Asakura Yoshikage,* and acted as
〜としてふるまった
a go-between for *Oda Nobunaga* and *Ashikaga*
〜と—の仲介役
Yoshiaki, who was with *Yoshikage.*

③ Later, he served *Nobunaga* and fought all around the
戦った　　　各地で
country as a senior servant. ④ After *Nobunaga* came to
重臣
Kyoto, he showed his ability in governing *Kyoto* and
〜に実力を発揮した　　　　〜を治めること
the areas around it. ⑤ *Mitsuhide* became the lord of
坂本城主
Sakamoto-jo castle.

⑥ In 1582, *Nobunaga* ordered him to help *Toyotomi*
〜に—するように命じた
Hideyoshi, who couldn't put down the *Mori* family in
〜を平定する　毛利氏
the *Chugoku* area yet. ⑦ Although *Mitsuhide* left *Omi*
中国地方　　　　　　　　　　　　　　　　　　　　〜を出発した

92

with his army, he betrayed and attacked *Nobunaga* in
軍　　　　　　　〜を裏切った　　　〜を攻撃した

Honno-ji temple in *Kyoto* and caused him to kill
本能寺　　　　　　　　　　　　　自害させた

himself. ⑧It is called the *Honno-ji* temple Incident.
本能寺の変

⑨However, *Mitsuhide* was defeated by *Hideyoshi*, who
〜に敗れた

came back in no time from the *Chugoku* area (the
直ちに

Battle of *Yamazaki*), and he was killed by a peasant on
山崎の戦い　　　　　　　　　　　　　　農民

his way to *Omi*.
〜へ行く途中で

---

36. 明智光秀 （1528 ？〜 1582 年）

①明智光秀は、美濃国（岐阜県）を治めていた守護の土岐氏の出身といわれています。②越前国（福井県）の戦国大名・朝倉義景に仕え、織田信長と、義景のもとにいた足利義昭との間をとりもちました。

③のちに、信長に仕えるようになると、信長の重臣として各地を転戦しました。④信長が京都に入ってからは、京都やそのまわりの地方の政治に実力を発揮しました。⑤光秀は、近江国（滋賀県）の坂本城主になりました。

⑥1582年、中国地方の毛利氏の平定に苦戦していた豊臣秀吉を助けるよう、信長から命じられました。⑦光秀は、軍を移動させる途中、謀反を起こし、京都の本能寺にいた信長を襲い、自害させました。⑧これを本能寺の変といいます。⑨しかし、中国地方から直ちに引き返してきた秀吉との山崎の戦いに敗れ、近江に逃れる途中、農民に殺されました。

37. Toyotomi Hideyoshi (1537 - 1598)

① *Toyotomi Hideyoshi* was
豊臣秀吉
born into a peasant family in
〜に生まれた　農家
Owari province (*Aichi*). ② He
尾張国
served *Oda Nobunaga* to
〜に仕えた
become a samurai. ③ *Nobunaga*

gave the *Nagahama-jo* castle in *Omi* province (*Shiga*)
長浜城　　　　　　　　　　　　　近江国
to *Hideyoshi* for his contribution in the battles.
　　　　　　　　　　　　　戦功をたたえて
④ After the *Honno-ji* temple Incident, *Hideyoshi*, who
本能寺の変
fought against the *Mori* family in the *Chugoku* area,
〜と戦った　　毛利氏　　　　　　　中国地方
hurried to *Kyoto* to defeat *Akechi Mitsuhide*, who
〜へ急いだ　　　　　　　〜を討ち取る
betrayed his lord, *Oda Nobunaga*. ⑤ After that, he
〜を裏切った　主君
defeated *Shibata Katsuie*, who was in conflict with
　　　　　　　　　　　　　〜と対立した
him, for the right to be *Nobunaga*'s successor.
〜する権利を得るため　　　　　　　　　跡継ぎ
⑥ *Hideyoshi* built *Osaka-jo* castle as his base.
　　　　　　　〜を築いた　大坂城　　　本拠地として
⑦ He battled against *Tokugawa Ieyasu* in *Komaki* and

Nagakute (*Aichi*) and made *Ieyasu* obey him. ⑧ He was
　　　　　　　　　　　　〜を—に従わせた

successful in unifying Japan in 1590.
〜に成功した　　全国統一

⑨*Hideyoshi* became the chief adviser and the grand
　　　　　　　　　　関白　　　　　　　　　　　　　　太政大臣

minister of state, and he carried out Land Surveys by
　　　　　　　　　　　　　行なった　　　　　太閤検地

Taiko and enacted the Order of Sword Hunt. ⑩He sent
　　　　　　　　　　〜を制定した　刀狩　　　　　　　　　兵を送った

his army to Korea twice, only to fail. ⑪After he died,
　　　　　　　　　　　　　　失敗に終わった

his son, *Hideyori*, succeeded to the throne, but the
　　　　　　　　　　　　跡を継いだ

Toyotomi administration was defeated by *Tokugawa*
豊臣政権

Ieyasu.

---

37. 豊臣秀吉 （1537 〜 1598 年）

①豊臣秀吉は、尾張国（愛知県）の農家に生まれました。②武士になるために織田信長に仕えました。③秀吉は数々の戦功により、信長から近江国（滋賀県）の長浜城を与えられました。
④本能寺の変が起きたとき、中国地方の毛利氏と戦っていた秀吉は、直ちに引き返し、主君信長を裏切った明智光秀を討ち取りました。⑤その後、信長の跡継ぎをめぐって対立した柴田勝家を破りました。⑥秀吉は、大坂城を築き本拠地としました。
⑦徳川家康と小牧・長久手（愛知県）で戦い、自分に従わせることに成功しました。⑧1590 年に全国統一をなし遂げました。
⑨秀吉は関白、太政大臣の地位につき、太閤検地や刀狩を行ないました。⑩2 度にわたり朝鮮に出兵しましたが、失敗しました。
⑪秀吉の死後、秀吉の子秀頼が跡を継ぎましたが、豊臣政権は徳川家康に倒されました。

38. Sen-no-Rikyu (1522 - 1591)

① *Sen-no-Rikyu* was born into
千利休　　　　　　～に生まれた
a rich merchant family in
豪商の家
Izumi province (*Osaka*), and,
和泉国
from a little child, he was
幼いころから
familiar with tea ceremony,
～に親しんでいた　　茶の湯
which was popular among the townspeople in *Sakai*.
町衆
② *Rikyu* mastered his skills, and established *Wabicha*,
技を修得した　　　　　　～を大成させた
simple tea ceremony, in which people enjoy tea quietly.
わび茶　　　　　　　　　　　　　　　　　　　静かに
③ Tea ceremony also became popular among warring
戦国大名
lords because *Oda Nobunaga* liked it.

④ *Rikyu* served *Nobunaga* when *Nobunaga* ruled over
～に仕えた　　　　　　　　　　　　～を治めた
Sakai. ⑤ *Toyotomi Hideyoshi*, who took over from
～の跡を継いだ
Nobunaga, also liked tea ceremony, so *Rikyu* served
Hideyoshi, too. ⑥ *Rikyu* was the master of the tea
～の中心だった
ceremony which was held in *Kitano* (*Kyoto*) by *Hideyoshi*.
～で開かれた
⑦ *Rikyu* built his house in the garden of *Hideyoshi*'s

mansion, *Jurakudai*, when he was in his prime as a master
　　邸宅　　　　　　　　　　　　全盛期だった　　　　　　茶人
of the tea ceremony. [8] However, he was suddenly ordered
to kill himself. [9] It is said that one of the reasons of this
　切腹する　　　　　　　　〜といわれている　　この命令の理由の一つ
order was that *Rikyu* let them display his wooden image
　　　　　　　　　　　　〜を飾らせた　　　自分の木像
on the gate of *Daitoku-ji* temple, but the truth has not
　　　　　　大徳寺山門　　　　　　　　　　　　真実はわかっていない
come out. [10] Anyway, he killed himself. [11] The kind of

tea ceremony *Rikyu* started is still popular today.

---

38. 千利休 （1522～1591年）

[1]千利休は、和泉国（大阪府）の豪商の家に生まれ、堺の町衆の間に流行していた茶の湯に幼いころから親しみました。[2]利休は修行を重ね、静かに茶の湯をたしなむわび茶を大成させました。[3]織田信長が茶の湯を好んだことから、茶の湯は戦国大名の間にも広がりました。

[4]信長が堺を治めた際、利休は信長に仕えました。[5]信長の跡を継いだ豊臣秀吉も茶の湯を好んだので、利休は秀吉にも仕えました。[6]秀吉が開いた北野（京都府）の茶会では、その中心になりました。[7]利休は、秀吉の邸宅・聚楽第内に屋敷を構え、茶人として絶頂を極めました。[8]しかし、突然秀吉から切腹を言い渡されました。[9]大徳寺山門の上に自分の木像を飾るのを黙認したことが切腹命令の理由の一つといわれていますが、真相は明らかになっていません。[10]利休は命令に従い、切腹しました。[11]利休が大成した茶の湯は、現在まで受け継がれています。

39. Maeda Toshiie (1538 - 1599)

① *Maeda Toshiie* was born in
前田利家

Owari province (*Aichi*), and
尾張国

later he served *Oda Nobunaga*.
～に仕えた

② After he assisted *Shibata*
～を補佐した

Katsuie, *Nobunaga*'s servant,
家臣

he was given 210 thousand *koku* in *Noto* and became
～を与えられた 21万石

a warring lord. ③ Since he also got along with *Toyotomi*
戦国大名 ～と親交した

Hideyoshi, *Toshiie* betrayed *Katsuie* and didn't fight
～を裏切った ～と戦う

against *Hideyoshi* in the Battle of *Shizugatake*, which
賤ヶ岳の戦い

broke out between *Hideyoshi* and *Katsuie* after
起こった

Nobunaga's death.

④ *Toshiie* was given one million *koku* in *Kaga* province
加賀国

(*Ishikawa*) by *Hideyoshi*, and moved to *Kanazawa-jo*
金沢城

castle. ⑤ He did good jobs in the attack on *Odawara*
～で活躍した

and in the Korean Peninsula, so he became one of

the five great senior councilors in the *Toyotomi*
五大老 豊臣政権

administration. [6] *Hideyoshi* asked *Toshiie* to take care
<u>~の世話をする</u>
of *Hideyori*, his son, on his deathbed. [7] *Toshiie* kept
<u>死の床で</u>
his trust and assisted little *Hideyori* in *Osaka-jo* castle.
<u>信頼に応えた</u>
[8] However, *Toshiie* died of illness eight months after
<u>病死した</u>　<u>~の8カ月後</u>
Hideyoshi's death. [9] The *Toyotomi* family was attacked
<u>豊臣家</u>　<u>~に攻撃された</u>
by the *Tokugawa* army in the Winter Battle of *Osaka*
<u>徳川軍</u>　<u>大坂冬の陣</u>
and the Summer Battle of *Osaka*, and it was ruined.
<u>大坂夏の陣</u>

39. 前田利家（1538 ～ 1599 年）

　①前田利家は、尾張国（愛知県）に生まれ、織田信長に仕えました。②のちに信長の家臣柴田勝家を補佐し、能登 21 万石を与えられて大名となりました。③豊臣秀吉との親交も深く、信長の死後、秀吉と勝家との間に起こった賤ヶ岳の戦いでは、秀吉側と戦わず、勝家を裏切ることになりました。
　④利家は、秀吉から加賀国（石川県）に 100 万石を与えられ、金沢城に入りました。⑤小田原攻めや朝鮮出兵で活躍したこともあって、豊臣政権では五大老の一人となりました。⑥秀吉は死に臨み、子である秀頼の後見を利家に頼みました。⑦利家もよくその信任に応え、大坂城で幼い秀頼を補佐しました。⑧しかし、利家は秀吉の死の 8 カ月後、秀吉のあとを追うように病死しました。⑨豊臣家は、大坂冬の陣、大坂夏の陣によって徳川軍に攻められ、滅ぼされました。

40. Ishida Mitsunari（石田三成）

Toyotomi Hideyoshi
豊臣秀吉

Be my servant.
わしの家来になれ

Thank you. I'm happy.
ありがたき幸せにございます

When *Mitsunari* was young, he began to serve *Toyotomi Hideyoshi*.
三成は、若いころから豊臣秀吉に仕えました。

We are the five officials.　私たちが五奉行で〜す

Natsuka Masaie
長束正家

Mashita Nagamori
増田長盛

Ishida Mitsunari
石田三成

Asano Nagamasa
浅野長政

Maeda Geni
前田玄以

Mitsunari succeeded under *Hideyoshi* and became one of the five officials.
秀吉のもとで三成は出世し、五奉行の一人となりました。

Stay with *Hideyori* ....
秀頼を頼む…

Yes, sir.
お任せください

Hideyoshi died and little *Hideyori* became alone.
秀吉は、幼い秀頼を残してこの世を去りました。

Now, it's my turn.
ようやくわしの出番じゃ

Damn *Ieyasu*!
おのれ、家康！

Ieyasu tried to unify Japan after *Hideyoshi* died.
秀吉亡きあと、徳川家康が天下を狙って動きました。

Mitsunari placed *Hideyori* as a leader and tried to protect the *Toyotomi* family.
三成は、秀頼をもりたて、豊臣家を守ろうとしました。

In 1600, the east army of *Ieyasu* battled against the west army of *Mitsunari* in *Sekigahara*.
1600 年、家康の東軍と三成の西軍が関ヶ原でぶつかりました。

The west army was defeated partly because *Kobayakawa Hideaki* betrayed them.
戦いは、小早川秀秋の裏切りもあって、西軍が敗れました。

Mitsunari was arrested on his way back and killed.
三成は、逃げ帰る途中で捕らえられ、処刑されました。

41. Sanada Yukimura (1567 - 1615)

①*Sanada Yukimura* was born
真田幸村　　　　　　　　　　　～として生まれた
as a son of *Sanada Masayuki,*

the lord of *Ueda-jo* castle in
上田城主
Shinano province (*Nagano*).
信濃国
②His real name was *Nobushige,*
本名

but he came to be known as *Yukimura* later. ③The
　　　　　～として知られる
Sanada family served the *Takeda* family at first, but it
真田家　　　　～に仕えた　武田家
served *Toyotomi Hideyoshi* after the *Takeda* family

was ruined.
滅びた
④In the Battle of *Sekigahara,* he and his father,
　　　　関ヶ原の戦い
Masayuki, stood with the west army led by *Ishida*
　　　～についた　西軍　　　　　　　～に率いられた
Mitsunari, and they fought against the east army led by
　　　　　　～と戦った　　　東軍
Tokugawa Ieyasu. ⑤His elder brother, *Nobuyuki,* was

on the east army, their enemy. ⑥The west army was
　　　　　　　　　敵　　　　　　　　　　　敗れた
defeated, but *Yukimura* and his father were only exiled
　　　　　　　　　　　　　　　　　　　～へ流されただけだった
to Mt. *Kudo* in *Kii* province (*Wakayama*) thanks to his
九度山　　　紀伊国　　　　　　　　　　～のおかげで

brother, *Nobuyuki.*

⑦ Later, *Toyotomi Hideyori* invited *Yukimura* to
　　　　　　　　　　　　　　　　　　　　　　　～を―に招待した
Osaka-jo castle. ⑧ In the Summer Battle of *Osaka*, he
大坂城　　　　　　　　　　大坂夏の陣
was able to get close to the enemy's camp, and he drove
　　　　　～に迫る　　　　敵の本陣　　　　　　　　　　～を追い詰めた
Tokugawa Ieyasu into a tight corner. ⑨ *Yukimura* was

killed in a bloody battle near Mt. *Chausu* (*Osaka*).
激戦の中　　　　　　　　　　茶臼山

41. 真田幸村 （1567〜1615年）

①真田幸村は、信濃国（長野県）上田城主真田昌幸の子として
生まれました。②本名は信繁といい、「幸村」は後世につけられ
た通称です。③真田家は、武田家に仕えていましたが、武田家
が滅ぼされたのち、豊臣秀吉に仕えました。

④関ヶ原の戦いでは父昌幸とともに石田三成率いる西軍につき、
徳川家康率いる東軍と戦いました。⑤幸村の兄信幸は東軍につ
き、敵対することとなりました。⑥西軍は敗れましたが、兄信
幸の計らいにより父昌幸とともに紀伊国（和歌山県）九度山へ
流される処分にとどまりました。

⑦のちに豊臣秀頼に招かれて大坂城に入りました。⑧**大坂夏の陣**
では敵の本陣にまで迫る勢いで攻め込み、**徳川家康**を窮地に追
い詰めました。⑨しかし、茶臼山（大阪府）付近での激戦の末、
幸村は戦死しました。

42. Takenaka Hanbe & Kuroda Kanbe （竹中半兵衛＆黒田官兵衛）

They're my brains.
わしの知恵袋じゃ

Hideyoshi had two generals, *Takenaka Hanbe* and *Kuroda Kanbe*.
豊臣秀吉には、竹中半兵衛・黒田官兵衛の２人の軍師がいました。

I'm wiser than you.
作戦勝ちだよ～

It's too late! Damn you.
先を越された！
くぅ～

Oda Nobunaga
織田信長

Hanbe is famous for taking *Inabayama-jo* castle with only ten or so soldiers.
竹中半兵衛は稲葉山城をわずか十数人で落としたことで有名です。

Be my servant, please!
家来になってくれ、頼む！

If you insist.
そこまで期待してくれるのならば…

Mori or *Oda* ...
毛利か織田か…

We should follow *Oda*.
織田につきましょう。

Kodera Masamoto
小寺政職

Hideyoshi valued *Hanbe* highly and made him his servant.
秀吉は半兵衛の才能に目をつけ、家臣として迎え入れました。

Kanbe was the house councilor in the *Kodera* family in *Harima* (*Hyogo*).
黒田官兵衛は播磨（兵庫県）の小寺氏の家老でした。

Kanbe went to *Arioka-jo* castle to talk to *Araki Murashige,* who attacked *Murashige*'s lord, *Nobunaga,* but *Kanbe* was arrested.
信長に対して謀反を起こした荒木村重を説得するため有岡城(兵庫県)に入りますが、捕まってしまいます。

After *Hanbe* died, *Kanbe* supported *Hideyoshi.*
半兵衛亡きあとは、官兵衛が秀吉を支えました。

Later, *Kanbe* became a warring lord and battled with *Hideyoshi.*
その後官兵衛は大名となり、秀吉とともに戦うようになりました。

105

Our enemy is in the *Honno-ji* temple!
敵は本能寺にあり！

Damn, *Mitsuhide* …
おのれ、光秀…

Akechi Mitsuhide betrayed *Nobunaga* and *Nobunaga* killed himself (The *Honno-ji* temple Incident).
明智光秀の謀反により、信長が自害しました（本能寺の変）。

Our lord was defeated!
わが主君が討たれました！

Make peace with *Mori* and go back to defeat *Mitsuhide*.
毛利と和睦し、すぐに仇討ちに戻りましょう

Hideyoshi heard about the incident and went all the way back to *Kyoto*.
この事件を知った秀吉は、中国大返しをやってのけました。

Let's occupy Mt. *Tenno*.
天王山をおさえましょう

Kanbe, you're great!
さすが、官兵衛！

Hideyoshi defeated *Mitsuhide* in the Battle of *Yamazaki*.
山崎の戦いで、光秀を破りました。

Hideyoshi couldn't unify the country without these two generals.
秀吉の天下取りには欠かせない2人の軍師でした。

Chapter 3

The Famous People in the Edo Period

第3章

江戸時代の有名人

The Main Events and the Key People in the Edo Period

① *Tokugawa Ieyasu*, who was appointed as the barbarian
徳川家康　　　　　　　　　　　　　　　　　　～に任命された　　　　　　征夷大将軍

subduing general, established the *Edo* shogunate, and,
　　　　　　　　　～を開いた　　　　江戸幕府

later, the third shogun *Tokugawa Iemitsu* made up the
　　　　　　３代将軍徳川家光　　　　　　　　　　　　　　～を作り上げた

system of the shogunate. ② *Genroku* culture was built
しくみ　　　　　　　　　　　　　　　　元禄文化　　　　　　　　　形成された

up in the fifth shogun *Tokugawa Tunayoshi* era, when
　　　５代将軍徳川綱吉時代

Matsuo Basho, *Ihara Saikaku*, and *Chikamatsu*
松尾芭蕉　　　　　　　　井原西鶴　　　　　　　　　　　近松門左衛門

Monzaemon played an active role. ③ The revenge of
　　　　　　　　　活躍した　　　　　　　　　　仇討ち

samurai in *Ako* domain led by *Oishi Kuranosuke* was
赤穂浪士　　　　　　　　　　　　　～に率いられた　大石内蔵助

made into puppet plays and kabuki.
　　　　　　　　浄瑠璃

④ The eighth shogun *Tokugawa Yoshimune* carried out
８代将軍徳川吉宗　　　　　　　　　　　　　　　　　～を行なった

the Reforms of *Kyoho*. ⑤ Senior Councilor *Tanuma*
享保の改革　　　　　　　　　　老中田沼意次

Okitsugu tried to set the finances in order, but he
　　　　　　　　　　　　財政を再建する

fell from power. ⑥ *Matsudaira Sadanobu* carried out
失脚した　　　　　　　松平定信

the Reforms of *Kansei*. ⑦ *Mizuno Tadakuni* carried out
寛政の改革　　　　　　　水野忠邦

the Reforms of *Tempo*.
天保の改革

⑧*Kasei* culture was built up in the late *Edo* period.
化政文化 　　　　　　　　　　　　　江戸時代後期に

⑨Ukiyoe landscapes painted by *Utagawa Hiroshige*
浮世絵の風景画 　　　　　　　　　　歌川広重

and *Katsushika Hokusai* became popular.
葛飾北斎

江戸時代の主な出来事と人物

①征夷大将軍に任命された**徳川家康**は江戸幕府を開き、3代将軍**徳川家光**のころに幕府のしくみが完成しました。
②5代将軍**徳川綱吉**のころには、元禄文化が栄え、**松尾芭蕉**、**井原西鶴**、**近松門左衛門**らが活躍しました。③**大石内蔵助**ら赤穂浪士による仇討ちは、浄瑠璃や歌舞伎の題材になりました。
④8代将軍**徳川吉宗**は、享保の改革を行ないました。⑤老中**田沼意次**は、財政を立て直そうとしましたが、失脚しました。
⑥老中**松平定信**は、寛政の改革を行ないました。⑦老中**水野忠邦**は、天保の改革を行ないました。⑧江戸時代後期には化政文化が栄えました。⑨**歌川広重**や**葛飾北斎**による浮世絵の風景画が流行しました。

^{⑩}*Ino Tadataka* made a detailed map of Japan.
伊能忠敬　　　　　　　　　正確な日本地図

^{⑪}Perry arrived in Japan to require Japan to open up the
ペリー　　　　　　　　　　開国を要求する

country, and some said that it should open up and

others said that it should keep out foreigners. ^{⑫} Great
外国人を排斥する　　　　　大老井伊直弼

Senior Councilor *Ii Naosuke* made a treaty of amity and
修好通商条約

commerce with the US without permission from the
朝廷の許可を得ずに

Court. ^{⑬} Although *Yoshida Shoin* was against it and
吉田松陰　　　　　　　～に反対した

was punished, he taught people who later played a key
処刑された　　　～を教育した　　　　　～に重要な役割を果たした

role in overthrowing the shogunate and in the *Meiji*
倒幕　　　　　　　　　　　　明治維新

Restoration. ^{⑭}*Satsuma* domain (*han*) and *Choshu*
薩摩藩　　　　　　　　　　長州藩

domain made an alliance through the effort of
同盟を結んだ　　　～の努力によって

Sakamoto Ryoma to overthrow the shogunate and
坂本龍馬

make a powerful country. ^{⑮} The 15th shogun *Tokugawa*
強い国　　　　　　　15代将軍徳川慶喜

Yoshinobu returned power back to the Court.
大政奉還した

^{⑯}The *Boshin* War broke out between the ex-shogunate
戊辰戦争　　　　起こった　　　　旧幕府軍

army, which was against the Ordinance of Restoration
王政復古の大号令

of the Government by the Emperor, and the new
新政府軍

government army. ⑰The new government army fought
well and was about to attack *Edo*. ⑱*Katsu Kaishu* of
the ex-shogunate talked with *Saigo Takamori* of the new
government, and *Edo-jo* castle was given up to the new
government.

善戦した（well）
～するところだった（was about to）
勝海舟（Katsu Kaishu）
～と話した（talked with）
～に明け渡された（was given up to）

---

⑩**伊能忠敬**は正確な日本地図をつくりました。
⑪開国を求めてペリーが来航し、開国か攘夷かで国内は混乱しました。⑫大老**井伊直弼**は、日米修好通商条約を朝廷の許可を得ずに結びました。⑬これに反対した**吉田松陰**は処刑されますが、のちに倒幕や明治維新で活躍する人材を育てました。⑭薩摩藩と長州藩は、**坂本龍馬**の仲介で同盟を結び、幕府を倒して強い国づくりを進めることを目指しました。⑮15代将軍**徳川慶喜**は、大政奉還を行ないました。
⑯王政復古の大号令に対して旧幕府側が反発し、新政府側との間で戊辰戦争が起こりました。⑰新政府軍は戦いを優勢に進め、江戸を攻撃しようとしました。⑱旧幕府側の**勝海舟**と新政府側の西郷隆盛の話し合いによって、江戸城は新政府側に明け渡されました。

43. Tokugawa Ieyasu (1542 - 1616)

① *Tokugawa Ieyasu* was born as a
徳川家康　　　　　　～として生まれた
son of the *Matsudaira* family, the
　　　　　松平家
feudal lord of *Mikawa* province
大名　　　　　　　三河国
(*Aichi*). ② He was taken hostage
　　　　　　　　　　～の人質となった
by the *Oda* family and the
　　　　織田家
Imagawa family when he was a little child. ③ After
今川家
Imagawa Yoshimoto was defeated by *Oda Nobunaga*
in the Battle of *Okehazama*, he became free at last.
桶狭間の戦い　　　　　　　　　　自由になった　ようやく
④ *Ieyasu* unified *Mikawa* province and joined hands with
　　　～を統一した　　　　　　　　　　～と手を結んだ
Nobunaga. ⑤ *Ieyasu* took part in the Battle of *Anegawa*
　　　　　　　　～に参加した　姉川の合戦
and in the Battle of *Nagashino*, where the *Oda* army fought.
　　　　　長篠の戦い　　　　　　　　　織田軍
⑥ *Oda Nobunaga* killed himself in the *Honno-ji* temple
　　　　　　　　自害した　　　　本能寺の変
Incident and *Hideyoshi* became his successor. ⑦ *Ieyasu* was
　　　　　　　　　　　　後継者
on bad terms with *Hideyoshi* for a while, but *Ieyasu*
～と仲が悪かった　　　　　　しばらくの間
came to follow him because *Hideyoshi* asked him to do so.
　　～に従う
⑧ After *Hideyoshi*'s death, *Ieyasu* was in conflict with
　　　　　　　　　　　　　　　　　　　～と対立した

Ishida Mitsunari, who was *Hideyoshi*'s servant before,
家臣
and the Battle of *Sekigahara* broke out. ⑨ *Ieyasu*
関ヶ原の戦い　　　　　　　　　　起こった
defeated the west army led by *Mitsunari*. ⑩ *Ieyasu*
西軍　　　　　　　　～に率いられた
was appointed as barbarian subduing general by the
～に任命された　　　征夷大将軍　　　　　　　　朝廷によって
Court, and he established the *Edo* shogunate. ⑪ *Ieyasu*
　　　　　　　　～を開いた　　　江戸幕府
destroyed the *Toyotomi* family in the Winter Battle of
～を滅ぼした　　豊臣氏　　　　　　　　大坂冬の陣
Osaka and the Summer Battle of *Osaka*.
大坂夏の陣

---

43. 徳川家康（1542〜1616年）

①徳川家康は、三河国（愛知県）の大名松平家の子として生まれました。②幼いころは織田家や今川家の人質となっていました。③桶狭間の戦いで今川義元が織田信長に敗れると、ようやく人質生活から解放されました。

④家康は、三河国を統一し、信長と手を結びました。⑤織田軍が戦った姉川の合戦や長篠の戦いなどに参加しました。⑥信長が本能寺の変で敗れると、豊臣秀吉が後継者となりました。⑦家康は、一時秀吉と対立しましたが、秀吉に求められて従うようになりました。

⑧秀吉の死後、家康は秀吉の家臣だった石田三成らと対立し、関ヶ原の戦いが起こりました。⑨家康は、三成らの西軍を破りました。⑩家康は朝廷から征夷大将軍に任命され、江戸幕府を開きました。⑪家康は、大坂冬の陣、大坂夏の陣で豊臣氏を滅ぼしました。

44. Tokugawa Iemitsu (1604 - 1651)

① *Tokugawa Iemitsu* was born
徳川家光　　　　　　　　～として生まれた

as a son of the second shogun
２代将軍

of the *Tokugawa* shogunate,

Tokugawa Hidetada. ② *Iemitsu*

took over the post from his
～から地位を受け継いだ

father, *Hidetada*, and became the third shogun.

③ *Iemitsu* changed the Laws for the Military Houses to
武家諸法度

impose the system of alternate residence on feudal
～を—に課す　交代で居住するしくみ（→参勤交代）　　　大名

lords. ④ It was a system that forced feudal lords to
～に—するのを強いた

come to the shogun in *Edo* every two years and also
１年ごとに

forced feudal lords' wives and children to live in *Edo*.

⑤ This system put much economic burden on feudal
～に大きな経済的負担を課した

lords. ⑥ *Iemitsu* made up the system of the shogunate
～を作り上げた　幕府のしくみ

by creating new posts like senior councilors and junior
新しい役職を作ること　　　　老中　　　　　　若年寄

councilors.

⑦ *Iemitsu* kept strict control over Christianity. ⑧ In
～を厳しく取り締まった　　　　　キリスト教

1637, people led by Christians rose in the *Amakusa-*
　　　　～に率いられた　　　　　　　　～を起こした　天草・島原一揆

Shimabara revolt. ⑨ After putting down the revolt, the
　　　　　　　　　　　　～を鎮圧すること

Tokugawa shogunate banned Portuguese ships from
　　　　　　　　　～が―することを禁じた ポルトガルの

entering Japan and moved the Dutch trading house to
　　　　　　　　　　　　　　　　　　オランダ商館

De-jima island in *Nagasaki.* ⑩ Only the Netherlands
出島　　　　　　　　　　　　　　　　オランダ

and Qing were able to trade with Japan in *Nagasaki.*
清　　　　　　　　～と貿易をする

⑪ In this way, Japan closed the country.
　　　　　　　　　　鎖国した

---

44. 徳川家光 (1604 ～ 1651年)

①徳川家光は、江戸幕府2代将軍徳川秀忠の子として生まれました。②家光は、父秀忠のあとを受けて、3代将軍になりました。③家光は大名に対し、**武家諸法度**を改定して、**参勤交代**を義務づけました。④参勤交代とは、大名が1年ごとに領地と江戸を往復し、妻子を江戸に住まわせる制度でした。⑤参勤交代は、大名にとって経済的に大きな負担となりました。⑥家光は、老中や若年寄といった役職を作り、幕府のしくみを確立しました。⑦キリスト教に対しては、その取り締まりをだんだん厳しくしていきました。⑧1637年、キリシタンが中心となって天草・島原一揆が起こりました。⑨幕府は一揆をおさえると、ポルトガル船の来航を禁じ、オランダの商館を長崎の出島に移しました。⑩オランダと清に限って、長崎で貿易を行なうことになりました。⑪こうして、**鎖国**が完成しました。

45. Tokugawa Tsunayoshi (1646 - 1709)

① *Tokugawa Tsunayoshi* was a
徳川綱吉
son of the third shogun *Tokugawa*
3 代将軍
Iemitsu. ② After his brother,
the fourth shogun *Ietsuna*
died, he became the fifth shogun.

③ He carried out positive reforms in the shogunate: he
積極的に改革を実行した
kept strict control over bad local governors, selected
〜を厳しく支配した   代官   〜を選んだ
feudal lords not for lineage but for ability, and honored
大名   家系でなく能力で   〜を表彰した
townspeople and peasants who were nice to their parents.
町人   農民   〜に思いやりのあった
④ *Tsunayoshi*, who had studied Confucian teachings,
儒学
built *Yushima* Confucian temple as the center of
〜を建てた 湯島聖堂   〜の中心地として
learning, and encouraged people to learn the teachings.
学問   〜に―することを奨励した
⑤ *Tsunayoshi*'s early government was a wise one and
政治
was spoken well of as "the Reforms of *Tenna*." ⑥ In his
よく言われた   天和の治   40 代で
40s, *Tsunayoshi* let his close advisers, *Yanagisawa*
側用人
Yoshiyasu and others, carry out the government instead
〜の代わりに

of himself, and it gradually led to political chaos.
　　　　　　　　　　　　　　政治的混乱

⑦ He enacted the law to prohibit the killing of dogs and
　　　～を制定した　　　　　　～を禁止する

other animals (*Shorui-awaremi-no-rei*), and he was

called "the Dog Shogun". ⑧ Later, the economy also
　　　　　犬公方

got worse because *Tsunayoshi* built large kennels for
悪化した　　　　　　　　　　　　　　　　　犬小屋

stray dogs, spent a lot of money on building temples
野良犬　　　　　～を―に費やす　　　　　　　　　　寺

and shrines, and issued bad currency.
　　　神社　　　　　　　～を発行した　悪い貨幣

---

45. 徳川綱吉 （1646 ～ 1709 年）

① 徳川綱吉は、3 代将軍徳川家光の子として生まれました。
② 4 代将軍の兄徳川家綱の死去に伴い、綱吉は 5 代将軍となりました。

③ 綱吉は、不正を行なう代官を厳しく取り締まったり、家柄にこだわらず有能な大名を登用したり、親孝行な町人や農民を表彰したりするなど、積極的に幕府内の改革に取り組みました。

④ 幼いころから儒学を学んだ綱吉は、学問の中心地として湯島聖堂を建て、広く学問を奨励しました。⑤ 綱吉の政治の前半は「天和の治」と讃えられるほどの善政でした。⑥ しかし、綱吉が 40 歳をすぎたころから、側用人の柳沢吉保らに政治を任せるようになると、幕府の政治は次第に混乱していきました。

⑦ 綱吉は「生類憐みの令」を出し、「犬公方」と呼ばれました。
⑧ 綱吉は、野良犬を収容するために広大な犬小屋を建てたり、寺社の建築に多額の支出をしたり、質の悪い貨幣をつくったりしたため、国の経済も乱れました。

46. Tokugawa Yoshimune (1684 - 1751)

① *Tokugawa Yoshimune* was
徳川吉宗
born as a son of the head of
〜の息子として　　　紀州藩主
Kishu domain (*Wakayama*).

② Later, he became the head of
Kishu domain and carried out
〜を行なった
reforms such as financial reconstruction. ③ The result
改革　　たとえば〜のような　財政再建　　　　　　　成果
of the reforms was appreciated and he became the
評価された
eighth shogun of the *Tokugawa* shogunate.
徳川幕府
④ Around that time, the shogunate finances were based
幕府の財政　　　　　　〜の上に成り立っていた
on tributes peasants paid. ⑤ *Yoshimune* enacted the
年貢　　　　　　　　　　　　　　　〜を制定した
thrift order to cut down expenses, and he himself led a
倹約令　　　〜を削減する　支出　　　　　　　質素な生活をした
simple life. ⑥ Peasants were forced to pay a certain
〜させられた　　　　　一定量の米
amount of rice regardless of how much they harvested.
〜にかかわらず　　どれだけ収穫したか
⑦ *Yoshimune* made feudal lords temporarily give up a
大名　　　　　一時的に　　〜を献上する
certain amount of rice as a tribute (*Agemai*). ⑧ He also
encouraged people to develop new fields to increase
〜に—するように奨励した　　新田開発する　　　　　〜を増やす

118

rice production. ^⑨ *Yoshimune* tried to stabilize the
米の生産 　　　　　　　　　　　　　　　　　　　　　　　　　　　　　　　　　　　　　〜を安定させる 米価
price of rice in this way, so he was called "the Rice
　　　米将軍
Shogun".

^⑩Furthermore, he placed the suggestion-box (*Meyasu-*
さらに 　　　　　　　　　　　　　〜を設置した 目安箱
bako) to get people's opinions, and he built a medical
　　　　　　　　　　　　　　　　　　　　　　　　　　　　　　　　　　　　　医療施設
facility for poor people. ^⑪ The reforms which
Yoshimune carried out are called the Reforms of *Kyoho*
　　　　　　　　　　　　　　　　　　　　　　　　　　　享保の改革
(*Kyoho-no-kaikaku*).

---

46. 徳川吉宗 (1684〜1751年)

^①徳川吉宗は紀州藩(和歌山県)の藩主の子として生まれました。^②紀州藩主となった吉宗は財政再建などの改革を行ないました。^③その成果が評価され、1716年に8代徳川将軍に就任しました。^④当時、幕府の財政は、農民から納められる年貢によって成り立っていました。^⑤吉宗は、支出をおさえるために倹約令を出し、自らも質素な生活を実践しました。^⑥年貢は、収穫量に関係なく一定量を納めさせるようにしました。^⑦諸大名に一時的に米を献上させる「上げ米」を行ないました。^⑧また、米の生産量を増やすため、新田開発を奨励しました。^⑨こうして米の価格の安定をはかった吉宗は、人々から「米将軍」と呼ばれました。^⑩吉宗はこのほか、「目安箱」を設置して庶民の意見を聞き、貧しい人々のための医療施設をつくりました。^⑪吉宗が行なったこれらの改革を、「享保の改革」といいます。

47. Oishi Kuranosuke (大石内蔵助)

Damn, *Kira*.
おのれ、吉良

Oh, no.
ヒィイ～

What? He used a sword in this castle?
城内で刃傷とは言語道断！

I was not punished.
わしはおとがめナシじゃ

Tokugawa Tsunayoshi
徳川綱吉

The head of *Ako* domain, *Asano Takuminokami* attacked *Kira Kozukenosuke* in *Edo-jo* castle.
赤穂藩主浅野内匠頭が江戸城内で吉良上野介を斬りつけました。

Takuminokami was ordered to kill himself and *Ako* domain was broken up.
浅野内匠頭は切腹、赤穂藩は取り潰しとの処分が下されました。

Why wasn't *Kira* punished?
喧嘩両成敗ではないのか？

Hey, calm down.
まぁまぁ、落ち着きなさい

He doesn't want revenge.
仇討ちをする気はないみたいだね

The house councilor of *Ako* domain, *Oishi Kuranosuke* calmed down the servants.
赤穂藩の家老大石内蔵助は、いきり立つ家臣たちを諌めました。

However, *Kuranosuke* lived in peace.
しかし、内蔵助はのんびりと暮らすだけでした。

Kuranosuke told his servants to attack Kira's house with him.
内蔵助は家臣たちを呼び、吉良邸討ち入りの決意を示します。

47 samurai of Ako domain attacked Kira's house.
大石内蔵助ら赤穂浪士 47 人は吉良邸を襲いました。

They killed Kira and avenged their lord's death.
吉良上野介の首をとり、主君の無念を晴らしたのでした。

This incident was well-known as the story, The Revenge of Samurai in Ako domain.
この事件は「忠臣蔵」として語り継がれています。

121

48. Matsuo Basho (1644 - 1694)

①*Matsuo Basho* was born as a
松尾芭蕉　　　　　　　～として生まれた
son of a low grade samurai in
　　　　下級武士
Iga-Ueno domain (*Mie*). ②He
伊賀上野藩
served the *Todo* family and he
～に仕えた　藤堂家
studied haiku (17-syllable
Japanese poem) with his master. ③Later, he went to
　　　　　　　　　　　　　　　主人
Edo (*Tokyo*) to keep studying haiku, and built a small
　　　　　　　～の勉強を続ける
house with a roof made of grass in *Fukagawa* (*Tokyo*).
　　　　　　　草ぶき屋根
④This house was called *Basho* hut, and, from then, he
　　　　　　　　　　　　　　芭蕉庵　　　　　　それから
called himself *Basho*.
～と名乗る
⑤*Matsuo Basho* took a long trip around the *Tohoku*
　　　　　　　　　長い旅に出た　　　　　　　　東北地方
area and the *Hokuriku* area with his pupil, *Sora*. ⑥He
　　　　　　北陸地方　　　　　　　　　　弟子
made haiku, "Once soldiers battled / on grass in
俳句をよんだ　　「夏草や　つわものどもが　夢のあと」
summer. / That is like a dream now" in *Oshu-*

Hiraizumi, and "Sound of cicada / sinks into a rock / in
　　　　　　　　「しずかさや　岩にしみいる　せみの声」
a total silence" in *Risshaku-ji* temple, *Yamagata*.

⑦ *Matsuo Basho* made a travel journal, titled *The*
紀行文
Narrow Road to the Interior, with the things he saw,
『奥の細道』　　　　　　　　　松尾芭蕉が見たり、したり、感じたこと
did, and felt on this trip.

⑧ *Matsuo Basho* died in *Osaka* on his way to western
　　　　　　　　　　　　　　　　　　　～へ行く途中　　　西国
Japan. ⑨ *Matsuo Basho*'s last haiku was "Although I

become sick on a trip, / my dreams run around / on this
「旅に病んで　夢は枯れ野を　かけめぐる」
dead field."

---

48. 松尾芭蕉 (1644～1694年)

①松尾芭蕉は、伊賀上野藩(三重県)の下級武士の子として生まれました。②藤堂家に仕え、主人とともに俳句を学びました。③のちに江戸に出て俳句の勉強を続け、深川(東京都)に草ぶきの小さな家を構えました。④この家を芭蕉庵と呼び、それから**芭蕉**と名乗るようになりました。

⑤芭蕉は弟子の曾良を伴い、東北から北陸をめぐる長い旅に出ました。⑥奥州平泉では、「夏草や　つわものどもが　夢のあと」、山形立石寺では「しずかさや　岩にしみいる　せみの声」などの句を残しました。⑦この旅のようすは、『**奥の細道**』と呼ばれる紀行文にまとめられました。

⑧芭蕉は、西国への旅の途中、大坂で亡くなりました。⑨最後の句は「旅に病んで　夢は枯れ野を　かけめぐる」でした。

49. Ihara Saikaku (1642 - 1693)

① *Ihara Saikaku* was born into
井原西鶴　　　　　　～に生まれた
a wealthy merchant family in
裕福な　　町人の家
Osaka, and he got into writing
　　　　　　　　　執筆を始めた
when he was around 15. ② At

first, he wanted to be a haiku
　　　　　　　　　　　俳人
poet, and began to study under *Nishiyama Soin* of the
　　　　　　　　　～のもとで勉強する
Danrin School. ③ He made free and witty haiku, and
談林派　　　　　　　奔放な　　機知に富んだ
became a leading poet of the *Danrin* School. ④ He also
　　　代表的俳人
became famous for *Yakazu*-haiku, where they
　　　　　　　矢数俳諧　　　　　そこでは
competed to see how many haiku they could make
競った
without a break.
休みなく
⑤ Later, his interest changed from haiku to novels. ⑥ He
　　　　　関心
published *The Man Who Spent His Life at Love-*
～を出版した　好色に一生を費やした男(→『好色一代男』)
Making. ⑦ This novel was made into a picture book
　　　　　　　　　　～にされた　　　　　絵本
illustrated by *Hishikawa Moronobu*, and it became a
～が挿絵を描いた　　　　　　　　　　大変な人気になった
big hit. ⑧ This was the first book of the so-called
　　　　　　　　　　　　　　　　　　　いわゆる

floating world books (*Ukiyo-zoshi*), which were
浮世草子

popular entertainment books and were published
娯楽

around *Kyoto* and *Osaka* in the early *Edo* period. [9] He
江戸時代初期に

also published *The Japanese Treasury of the Ages, The*
代々の日本の長者(→『日本永代蔵』)

People's Calculation in Mind, and they became popular
人々の心の中の計算(→『世間胸算用』)

mainly among powerful merchants at that time.
有力商人

---

49. 井原西鶴（1642～1693年）

[1]井原西鶴は、大坂の裕福な町人の家に生まれ、15歳のころから文芸の道を歩み始めました。[2]最初は俳諧を志し、談林派の西山宗因のもとに入門しました。[3]奔放で機知に富んだ句をよみ、西鶴は談林派の代表的俳人として活躍しました。[4]連続で多くの句を作る「矢数俳諧（大矢数）」の分野でも活躍しました。[5]やがて、西鶴は俳諧から小説へと活動の中心を移しました。[6]西鶴は『好色一代男』を発表しました。[7]この作品は、菱川師宣が挿絵を描いて絵本となり、大変な人気となりました。[8]これが浮世草子と呼ばれる、江戸時代初期に上方中心に出された娯楽的な通俗小説の始まりです。[9]ほかにも、『日本永代蔵』や『世間胸算用』などを発表し、当時力をつけてきた商人たちを中心に喜ばれました。

50. Chikamatsu Monzaemon (1653 - 1724)

① *Chikamatsu Monzaemon*
近松門左衛門
was born as a son of a samurai
〜として生まれた　　　　　　武士
in *Yoshie* domain, *Echizen*
吉江藩　　　　　　越前国
province (*Fukui*). ② Later, he
moved to *Kyoto*, and he
wanted to become a playwright. ③ *Chikamatsu*
劇作家
Monzaemon and *Sakata Tojuro*, a kabuki actor, got to
歌舞伎役者　　　　　　知り合った
know each other, and *Monzaemon* wrote kabuki for
歌舞伎の脚本を書いた
Tojuro.

④ *Chikamatsu Monzaemon* also studied Japanese
浄瑠璃
puppet play and wrote plays for it. ⑤ This kind of
puppet play developed to the narration of a *Tayu*
語りに合わせて進行した　　　　　　太夫の語り手
narrator. ⑥ *Monzaemon* worked hand in hand with
〜と協力した
Takemoto Gidayu, who was popular in *Osaka*, and
they created great plays one after another.
傑作を生み出した　　　　次々と
⑦ Among them, *The Lovers' Suicide in Sonezaki* was
なかでも　　　「曽根崎心中」

the talk of the town, and his name became famous.
話題であった
⑧ *Chikamatsu Monzaemon* had a lot of hits such as the
たくさんのヒットを生んだ　　　〜のような
play about life of the same age, *The Lovers' Suicide in*
世話物　　　　　　　　　　　　　「心中天網島」
Amijima, which was written about the life of
〜について書かれた　　　　　　町人の生活
townspeople, and the historical play, *The Battle of*
　　　　　　　　　　　時代物　　　　　　　　「国性爺合戦」
Coxinga.
カクシンギャ

---

50. 近松門左衛門（1653～1724年）

①近松門左衛門は、越前国（福井県）吉江藩の武士の子として生まれました。②やがて京都に移り住み、劇作家になることを目指すようになりました。③門左衛門は、歌舞伎役者の坂田藤十郎と出会い、藤十郎のために歌舞伎の脚本を書きました。

④人形浄瑠璃を学んだ門左衛門は、浄瑠璃の脚本も書きました。⑤人形浄瑠璃とは、太夫と呼ばれる語り手の語りに合わせて物語が進行する人形を使った芝居です。⑥門左衛門は、大坂で人気のあった竹本義太夫と組んで次々と傑作を生み出しました。

⑦なかでも、心中事件を取り上げた「曽根崎心中」が話題になり、門左衛門の名は知られるようになりました。⑧町人の生活を取り上げた世話物の「心中天網島」や、時代物の「国性爺合戦」など、次々とヒット作を世に出しました。

51. Tanuma Okitsugu (1719 - 1788)

① *Tanuma Okitsugu* was born
田沼意次

as the first son of a direct
〜の長男　　　　　　　　旗本

retainer of the shogun in *Edo*

in 1720. ② He began to serve
〜に仕える

Tokugawa Ieshige at the age of
〜歳のときに

14, and he stood out after *Ieshige* became the ninth
　　　頭角を現した　　〜したあと

shogun. ③ The tenth shogun *Ieharu* also relied on him,
　　　　　　　　　　　　　　　　　〜を信頼した

so *Ieharu* selected *Okitsugu* as a senior councilor
　　　〜を一に選んだ　　　　　　　　　　老中

(*Roju*) in 1772.

④ *Okitsugu* authorized the Licensed Commercial
　　　　　　〜を公認した　　株仲間

Associations which monopolized the market, and
　　　　　　　　　　　市場を独占した

imposed a tax for blessing (*Myoga-kin*) on them in
〜を課した　　神仏の加護のための税金(→冥加金)

return. ⑤ He also put great effort into trading, and
そのかわりに　　　　〜に力を注いだ

issued a great amount of currency with the trade profit.
〜を発行した　大量の貨幣　　　　　　　貿易の収入

⑥ With these policies, *Okitsugu* aimed to promote the
　　　　　　政策　　　　　　　〜をねらった　〜を促進する

development of industry and to increase tax revenues.
産業の発展　　　　　　　　　〜を増やす　税収

⑦He also developed new fields on a large scale, and
　　　　　　　新田を開発した　　　　　　　　　大規模に
planned to develop *Ezo-chi* (*Hokkaido*).
〜を計画した
⑧ His policies faced opposition from traditional
　　　　　　　　　　　〜の反発にあう　　　　　　　　保守的な
shogunate officials, and rumor had it that he received
役人　　　　　　　　　　　　　　〜と噂された　　　　　　わいろを受け取った
money under the table, so strong criticisms were made
　　　　　　　　　　　　　　　　　　　強い批判
against him. ⑨ When *Ieharu* died in 1786, *Okitsugu* got

fired as senior councilor and his territories were taken
〜をやめさせられた　　　　　　　　　　　領地　　　　　　没収された
away.

---

51. 田沼意次 (1719 ～ 1788 年)

①田沼意次は、1720 年に江戸の旗本の長男として生まれました。
②14 歳から徳川家重に仕え、家重が 9 代将軍になると、しだいに頭角を現すようになりました。③10 代将軍家治からも信頼され、1772 年には**老中**になりました。

④意次は、専売などの特権を持つ「**株仲間**」を公認し、そのかわりに商人たちから「**冥加金**」という税金を取りました。⑤貿易にも力を入れ、その収入で貨幣を大量に生産しました。⑥これらの政策は、産業を盛んにして、税収を増やすことがねらいでした。⑦大規模な**新田開発**を行ない、**蝦夷地**(北海道)の開発も計画しました。

⑧しかし、意次の取り組みは保守的な幕府の役人の反発にあい、わいろの噂や批判が広まりました。⑨1786 年に将軍家治が死ぬと、意次は老中をやめさせられ、領地も没収されました。

52. Matsudaira Sadanobu (1758 - 1829)

① *Matsudaira Sadanobu* was
松平定信
born as a grandson of the
〜として生まれた 孫
eighth shogun *Yoshimune*.
8代将軍
② He was adopted into the
〜の養子になった
Matsudaira family, which
松平家
ruled *Shirakawa* domain, at the age of 17, and he
〜を支配した 白河藩   〜歳のときに
became its head when he was 26. ③ He was called

a wise leader because he skillfully got through the
名君   うまく   〜を乗り切った
Tenmei famine in various ways. ④ The shogunate
天明のききん   さまざまな手段で
appreciated his political leadership, and he became
〜を認めた   政治的指導力
a senior councilor (*Roju*) in 1787.
老中
⑤ He forced people to live simply and sent people who
質素に暮らす   〜を—に送り返した
were working away from home back to their farm

villages so as to set the shogunate's finances in order.
〜するために 〜を立て直す   財政
⑥ These reforms are called the Reforms of *Kansei*.
改革   寛政の改革
⑦ However, people didn't like these strict reforms

because *Sadanobu* banned learning except the teachings

<small>チュー　シ</small>
　　　　　　　 ~を禁止した　学問　　　　　~以外の　　朱子学

of Chu Hsi and also banned publishing books against

　　　　　　　　　　　　　　　　　~を出版すること

the shogunate.

⑧ These reforms failed only three years later and

　　　　　　　　　　　機能しなくなった

Sadanobu fell from power six years later.

失脚した

---

52. 松平定信（1758～1829年）

①松平定信は8代将軍吉宗の孫として生まれました。②17歳の
とき、白河藩主松平家の養子となり、26歳で白河藩主になりま
した。③天明のききんをさまざまな手段で乗り切り、定信は名
君と呼ばれました。④その政治力が幕府に認められて、1787（天
明7）年、老中に就任しました。

⑤定信は幕府の財政を立て直すため、人々にぜいたくを禁じ、出
稼ぎ人を農村に帰すなどの政策を行ないました。⑥これを「寛
政の改革」といいます。⑦しかし、朱子学以外の学問や幕府を
批判する本の出版を禁止するなど厳しすぎる改革は、人々には
不評でした。

⑧寛政の改革はわずか3年で行き詰まり、定信自身も6年で失
脚しました。

53. Mizuno Tadakuni (1794 - 1851)

① *Mizuno Tadakuni* was born
水野忠邦　　　　　　　　～として生まれた

as a son of the head of
　　　　　　　　　　藩主

Karatsu domain in *Hizen*
唐津藩　　　　　　　　肥前国

province (*Saga*). ② In 1839, he

became the chief senior
老中首座

councilor in charge of the finance.
　　　　～を担当する　財政

③ Around that time, people suffered from rice shortage
　　　　　　　　　　　　～に苦しむ　　　　米不足

called the *Tenpo* famine. ④ People rose up against the
天保のききん　　　　　　　　　　～に対して蜂起した

government all around the country and the shogunate

was in danger of breaking down. ⑤ In 1841, *Tadakuni*
　　　崩壊の危機で

worked on the Reforms of *Tenpo* to rebuild the
～に取り組む　天保の改革　　　　　　　　～を再建する

shogunate. ⑥ He enacted the thrift order and tried to
　　　　　　　　～を制定した　倹約令

restore farm villages by forcing peasants in *Edo* to

return home. ⑦ He also broke up the Licensed
　　　　　　　　　　　　～を解散させた　株仲間

Commercial Associations to bring down prices.
　　　　　　　　　　　　　物価を下げる

⑧ However, people became unhappy with his strict
　　　　　　　　～に不満になった　　　　　厳しい支配

132

control. ⑨ In 1843, he enacted the Land Taking-over
　　　　　　　　　　　　　　　　上知令

Orders (*Agechi-rei*) to try to take away the territories
　　　　　　　　　　　　　　　　　　　〜を没収する　　領地

of feudal lords around *Edo* and *Osaka*, and thereby have
　　大名　　　　　　　　　　　　　　　　　　　　　それによって

direct control over these lands, but the feudal lords
直轄支配する

protested the orders and *Tadakuni* fell from power.
〜に抵抗した　　　　　　　　　　　　　　失脚した

---

53. 水野忠邦 (1794 〜 1851 年)

①水野忠邦は、肥前国（佐賀県）唐津藩主の子として生まれました。②1839 年に、老中の筆頭である老中首座になりました。③そのころ、「天保のききん」と呼ばれる米不足が続いていました。④各地で民衆の武装蜂起があり、幕府の権力をおびやかしました。⑤忠邦は、幕府を建て直すため、1841 年から「天保の改革」に取り組みました。⑥倹約令を出し、江戸へ出てきた農民を村へ帰らせて、農村の復興をはかりました。⑦物価高を抑えるため、**株仲間を解散させました。**

⑧しかし、これらの厳しい取り締まりに、庶民の不満が高まりました。⑨1843 年、忠邦は「上知令」を出し、江戸・大坂周辺の大名の土地を幕府直轄にしようとしましたが、諸大名の反発にあい、忠邦は失脚しました。

54. Katsushika Hokusai (1760 - 1849)

①*Katsushika Hokusai* was
葛飾北斎
born in *Edo-Honjo* (*Tokyo*).

② *Hokusai* became a pupil of
弟子
an ukiyoe painter, *Katsugawa*
浮世絵師
Shunsho, and learned ukiyoe

from him. ③ Ukiyoe is the kind of Japanese print
日本の版画
Hishikawa Moronobu established.
つくり上げた
④ *Katsushika Hokusai* mastered his skills through
技術を習得した   学ぶことによって
learning how to paint various paintings, and established
さまざまな絵の描き方   〜を確立した
new landscape paintings. ⑤Among his works, *The*
風景画   彼の作品のなかでも
Thirty-six Views of Mt. Fuji was very famous. ⑥ *The*
『富嶽三十六景』
Thirty-six Views of Mt. Fuji was a collection of
画集
paintings of Mt. *Fuji*, which changed according to the
変わった   〜によって
seasons, time of day, and the place the painter saw it
季節   時刻   見た場所
from. ⑦ Works such as *The Great Wave off Kanagawa*
『神奈川沖浪裏』
and *South Wind, Clear Sky*, which is also called *Red*
『凱風快晴』   「赤富士」

Fuji, were especially famous. [8] *Hokusai* sometimes
<u>特に</u>
drew illustrations for books, and his illustrations
<u>本の挿絵</u>
appeared in the books by the writer, *Takizawa Bakin*.
<u>～に載った</u>
[9] Some of his ukiyoe were shipped to Europe, and it is
<u>～に船で運ばれた</u>
said that they had a great influence on European
<u>～といわれている</u>　　　<u>～に大きな影響を与えた</u>
painters like Van Gogh and Monet.
<u>ヴァン・ゴッホ</u>　　<u>モネ</u>

54. 葛飾北斎 （1760 ～ 1849 年）

[1]葛飾北斎は、江戸本所（東京都）に生まれました。[2]北斎は、浮世絵師勝川春章に弟子入りし、浮世絵を学びました。[3]浮世絵とは、菱川師宣が始めた日本独特の版画のことです。

[4]北斎は、あらゆる画法を学んで絵の技術を磨き、風景画の新境地を開きました。[5]なかでも『富嶽三十六景』がよく知られています。[6]『富嶽三十六景』は見る場所や季節、時間によってさまざまに変わる富士山の姿を描いたものです。[7]『神奈川沖浪裏』や「赤富士」とも呼ばれる『凱風快晴』などがとくに知られています。[8]北斎は、本の挿絵も手がけ、作家滝沢馬琴の作品の挿絵を描きました。

[9]浮世絵はヨーロッパにも渡り、ゴッホやモネらの画家たちに影響を与えたといわれています。

55. Utagawa Hiroshige (1797 - 1858)

①*Utagawa Hiroshige* was born
歌川広重　　　　　　　　　～として生まれた

as a son of a shogunate fireman
　　　　　　　　　火消し役人

of the *Tokugawa* shogunate.
　　徳川幕府

②While he worked as an

official, he became a pupil of
役人　　　　　　　　　弟子

Utagawa Toyohiro, an ukiyoe painter. ③Later, he left
浮世絵師　　　　　　　　　　　　　　　　～をやめた

the shogunate and put all his energy into painting
　　　　　　　　　　～に全力を注いだ

ukiyoe. ④He painted pictures of actors and of beautiful
　　　　　　　　　　　　　　　　役者　　　　　　　美人

women, which were popular at that time, but those

pictures didn't make him famous.
　　　　　　　　有名にする

⑤*Hiroshige* was affected by *Katsushika Hokusai*, and
　　　　　　　～に影響を受けた

came to paint landscapes. ⑥*The Fifty-three Stages on*
～するようになった　　風景　　　　　　『東海道五十三次』

the Tokai-do Road became a sensation. ⑦The *Tokai-do*
　　　　　　　　　大ヒットになった　　　　　東海道

road connected *Edo* and *Kyoto*, and it had fifty-three
　　　　　～と―を結んでいた

stages along the way. ⑧*The Fifty-three Stages on the*
宿場　　道沿いに

Tokai-do Road was a collection of landscape paintings:
　　　　　　　　　　　　　　　風景画集

136

landscapes seen from these fifty-three stages, and from

the starting point, *Nihon-bashi* bridge in *Edo* and the
<u>出発点</u>　　　　　　　<u>日本橋</u>

ending point in *Kyoto*.
<u>終着点</u>

⑨It is said that *The Fifty-three Stages on the Tokai-do*
　〜といわれている

Road is one of the greatest ukiyoe collections of
　〜の1つ　　　　浮世絵によるもっともすばらしい風景画集

landscapes along with *Katsushika Hokusai*'s *The*
　　　　　　　　　　〜に匹敵する

Thirty-six Views of Mt. Fuji.
「富嶽三十六景」

---

55. 歌川広重 (1797 〜 1858 年)

①歌川広重は、幕府の火消し役人の子として江戸に生まれました。②広重は、役人を続けながら、浮世絵師**歌川豊広**の弟子となりました。③広重は役人をやめ、本格的に絵を描くようになりました。④当時流行していた役者絵や美人画などを描きましたが、評判にはなりませんでした。

⑤広重は**葛飾北斎**に影響を受け、風景画を描くようになりました。⑥そして、『**東海道五十三次**』が爆発的なヒットとなりました。⑦東海道は、江戸と京都を結ぶ街道で、53 の宿場がありました。⑧『**東海道五十三次**』は、これら 53 の宿場の風景と出発点の江戸日本橋、終着点の京都の風景からなる画集でした。⑨『**東海道五十三次**』は、葛飾北斎の『**富嶽三十六景**』とともに、浮世絵による風景画の最高傑作といわれています。

56. Ino Tadataka (1745 - 1818)

① *Ino Tadataka* was a merchant
伊能忠敬　　　　　　　商人
in *Sawara, Shimousa* province
下総国
(*Chiba*). ② When he was 50, he

left his business up to his son
仕事を〜に任せた
and retired. ③ After that, he
隠居した
went to *Edo* (*Tokyo*) to study astronomy because he
天文学
was always interested in it.
常に興味を持っていた
④ In *Edo*, he studied astronomical observation, Western
天文観測　　　　　　西洋数学
mathematics, and surveying under a government
測量術　　　　　　天文方
astronomer, *Takahashi Yoshitoki*. ⑤ In 1800, the

shogunate allowed him to make a survey of *Ezo*. ⑥ It
〜が一するのを認めた　〜を測量する
took *Tadataka* and others about 180 days to research

Ezo, and they completed an eastern *Ezo* map. ⑦ His map
〜を完成させた　蝦夷東部地図
was highly valued because it was very detailed, and he
高く評価された　　　　　　　　　とても細かい
was ordered to make a map of the entire country by the
〜するように命じられた　日本全国地図
shogunate. ⑧ *Tadataka* walked all around Japan and

138

surveyed for about 17 years.　⑨ *Tadataka* almost

finished surveying all of Japan at the age of 71, but he
<u>　　　　　　　　　　　　　　　　　</u>
　　　　　　　　　　～歳のときに
died of a disease before the map was completed.
<u>　　　　　　　　</u>
病気で死ぬ
⑩His pupils took over this work and completed an atlas
　　<u>　　</u>　　<u>　　　　　</u>　　　　　　　　　　　<u>　　</u>
　　弟子　　～を引き継いだ　　　　　　　　　　　地図帳
of all his survey work entitled *The Maps of Japan's*

coastal area. ⑪These maps are as accurate as those of
<u>　　　　　　</u>　　　　　　　　　　　　　　　　<u>　　　　　</u>
　　　　　　　　　　　　　　　　　　　　　　　正確な
today.

---

56. 伊能忠敬 （1745 ～ 1818 年）

①伊能忠敬は下総国（千葉県）佐原の商人でした。 ②彼は 50 歳の
とき、商売を息子に譲って隠居しました。 ③そして、彼は以前
から興味のあった天文学を学ぶために江戸へ出ました。

④彼は江戸で天文方の高橋至時に師事し、天文観測術や西洋数
学、測量術などを学びました。 ⑤1800 年、彼は幕府から蝦夷
地の測量を許可されました。 ⑥忠敬ら一行は、およそ 180 日か
けて蝦夷地を調査・測量し、蝦夷東部の地図を完成させました。

⑦地図の正確さで高い評価を受けた忠敬は、幕府から全国の測
量を命じられました。 ⑧忠敬は、およそ 17 年間かけて日本全
国を歩いて測量をしました。 ⑨忠敬は 71 歳のとき、ほぼ全国
の測量を完了しましたが、地図の完成を前に病気のため亡くな
りました。

⑩忠敬の弟子たちが地図作りを引き継ぎ、3 年後に、「大日本
沿海輿地全図」が完成しました。 ⑪これは、現在の地図とほと
んど変わらない正確な地図です。

57. Ii Naosuke (1815 - 1860)

① *Ii Naosuke* was born as a son
井伊直弼　～として生まれた

of the head of *Hikone* domain
彦根藩主

(*Shiga*). ② Japan made the
～を結んだ

Treaty of Peace and Amity
日米和親条約

with the US, and furthermore,

the US required Japan to enter into a treaty of commerce.
　　　　～にーするように要求した　　　　～を結ぶ　　通商条約

③ *Hotta Masayoshi*, a senior councilor, tried to get
老中

permission to make the treaty from the emperor, but he
～する許可を得る

couldn't do it because those who insisted that Japan
　　　　　　　　　　　　　外国人を締め出せと主張する人々

keep out foreigners objected it. ④ *Naosuke*, who was
　　　　　　　　　　～に反対した

the head of *Hikone* domain, became a great senior
彦根藩　　　　　　　　　　　　大老

councilor, and he made the Harris Treaty with the US
　　　　　　　　　　　　日米修好通商条約

without permission from the Court. ⑤ He selected
朝廷の許可なしに　　　　　　　　　　　～でなくーを選んだ

Tokugawa Yoshitomi (later, *Iemochi*), the head of *Kii*
紀伊藩主

domain, over *Hitotsubashi Yoshinobu* of *Mito* domain,
　　　　　　　　　　　　　　　　　水戸藩

as the successor of the 13th shogun, *Iesada*.
～の後継者　　　　13代将軍

⑥ *Mito* domain and those who stood against opening the

開国に反対する人々

country attacked him. ⑦ *Naosuke* arrested feudal lords

～を攻撃した　　　　　　　　　　　　～を捕らえた　大名

and people who were against him such as *Yoshida*

彼に反対した

Shoin and *Hashimoto Sanai,* and killed them. ⑧ This is

called the *Ansei* Purge. ⑨ Later, *Naosuke* was killed by

安政の大獄　　　　　　　　　　　　　　　　～によって殺された

samurai of *Mito* domain in front of *Sakurada-mon* gate

武士　　　　　　　　　　　　　　　　～の前で　　　桜田門

of *Edo-jo* castle.

江戸城

---

57. 井伊直弼 （1815 ～ 1860 年）

①井伊直弼は、彦根藩（滋賀県）藩主の子として生まれました。
②日本はアメリカと日米和親条約を結び、さらに通商条約を結ぶよう要求されていました。③老中堀田正睦は、条約を結ぶ許可を天皇から得ようとしましたが、外国を討ち払えという攘夷を唱える勢力の反対にあい、失敗しました。④彦根藩主となっていた直弼は大老になり、朝廷の許しを得ないままにアメリカと日米修好通商条約を結びました。⑤また直弼は、13 代将軍家定の跡継ぎ問題に際し、水戸藩の一橋慶喜ではなく、紀伊藩主徳川慶福（のちの家茂）を選びました。

⑥こうした直弼のやり方は、開国に反対する人や水戸藩から激しく批判されました。⑦直弼は、反対する大名や吉田松陰・橋本左内らを捕らえ、多くを処刑しました。⑧これを安政の大獄といいます。⑨直弼は、江戸城の桜田門外で水戸藩の浪士らに襲われ、殺害されました。

58. Yoshida Shoin (1830 - 1859)

① *Yoshida Shoin* was born in
吉田松陰

Hagi in *Choshu* domain

(*Yamaguchi*). ② When Perry

arrived in *Shimoda* to make
～に寄航した

a treaty of peace and amity in
和親条約

1854, *Shoin* tried to get on the ship going abroad, only to
～に乗る   失敗した

fail. ③ He was arrested by the shogunate and went to jail.
～に捕まった   監獄に入った

④ After he was released, he taught samurai of *Choshu*
釈放された   武士

domain how the world was going and what Japan should
世界の情勢   日本がするべきこと

do at *Shokason-juku* school. ⑤ He opposed opening the
松下村塾   ～に反対した 開国すること

country and said they should overthrow the shogunate
幕府を倒す

to build the country with the emperor at the center
国をたてる   天皇中心の

of power (the antiforeigner imperialism). ⑥ *Shoin*
尊王攘夷

severely criticized *Ii Naosuke*, the great senior
～をはげしく批判した   大老

councilor, because he made the Harris Treaty with the
日米修好通商条約

US. ⑦ *Ii Naosuke* kept control over the movement of
～を取り締まった   尊王攘夷運動

the antiforeigner imperialism and punished those
~を処罰した
people. ⑧This is called the *Ansei* Purge. ⑨*Shoin* was
安政の大獄
also arrested and put to death.
処刑される
⑩ Later, *Takasugi Shinsaku*, *Kusaka Genzui*, *Ito*
Hirobumi and so on, who were *Shoin*'s students at
Shokason-juku school, took a major role from the end
主要な役割を果たした　　　　　　　　　　幕末
of the *Edo* period to the *Meiji* Restoration.
明治維新

---

58. 吉田松陰 （1830～1859年）

①吉田松陰は、長州藩（山口県）の萩で生まれました。②1854年、ペリーが和親条約を結ぶため下田に来航したとき、松陰は船に乗り込んで海外への渡航を企てましたが、失敗しました。③松陰は幕府によって処罰され、牢につながれました。

④牢から出ると、松陰は松下村塾において、長州藩の武士たちに世界情勢や日本の現状を説きました。⑤松陰の考えは、開国に反対し、幕府を倒して天皇中心の国をたてるべきだ、という尊王攘夷と呼ばれるものでした。⑥大老井伊直弼によって日米修好通商条約が結ばれると、松陰はこれをはげしく批判しました。⑦井伊直弼は、尊王攘夷派を取り締まり、処罰しました。⑧これを安政の大獄といいます。⑨松陰も捕らえられ、江戸で処刑されました。

⑩その後、松下村塾で松陰の指導を受けた、高杉晋作や久坂玄瑞、伊藤博文らが、幕末から明治維新にかけて活躍しました。

59. Katsu Kaishu (1823 - 1899)

① *Katsu Kaishu* was born into
勝海舟　　　　　　　　～に生まれた
a shogun's direct retainer
旗本の家
family in *Edo*. ② *Kaishu* studied
European military science and
兵学
Dutch, and he founded a private
オランダ語　　　　　～を創始した　私塾
school.

③ When Perry came to Japan to open the country in 1853,
ペリー　　　　　　　　　　　開国を求めて
Kaishu sent a letter of his ideas about naval defense to the
～を提出した　意見書　　　　　　　海防
shogunate. ④ He was sent to the naval school in *Nagasaki*,
～に派遣された　海軍伝習所
which the shogunate opened, and he learned how to
建てた　　　　　　　　　　　　　　　航海の仕方
sail the oceans and how to shoot big guns. ⑤ *Kaishu*
　　　　　　　　　大砲の撃ち方
sailed across the Pacific Ocean to San Francisco as
～を横断して—まで航海した　　　　サンフランシスコ
the captain of a warship, the *Kanrin-maru* with the
戦艦の艦長として
shogunate's envoys. ⑥ When he came back to Japan, he
使節
became the naval commissioner and opened a naval school
軍艦奉行
in Kobe. ⑦ *Sakamoto Ryoma* was one of his students.

⑧After the shogun, *Tokugawa Yoshinobu*, returned
<u>権力を朝廷に返した</u>

<u>power back to the Court</u>, the *Boshin* War <u>broke out</u>
戊辰戦争 起こった

<u>between the ex-shogunate army</u> and <u>the new government</u>
旧幕府軍 新政府軍

<u>army</u>. ⑨*Saigo Takamori* of the new government <u>talked</u>
~を説得して–させた

Kaishu <u>into giving up</u> *Edo-jo* castle <u>without a fight</u>
~をあきらめること 江戸城 戦わずして

before the new government army <u>attacked</u> *Edo*. ⑩*Kaishu*
~を攻撃した

<u>played an important role</u> in the *Meiji* government.
重要な役割を果たした 明治政府

---

59. 勝海舟 (1823 ～ 1899 年)

①勝海舟は、江戸で旗本の家に生まれました。②海舟は、兵学
とオランダ語を勉強し、私塾を開きました。

③1853 年、ペリーが開国を求めて日本に来航したとき、海舟は、
海防についての意見書を幕府に提出しました。④海舟は、幕府
が長崎につくった海軍伝習所に派遣され、航海術や砲術を学び
ました。⑤幕府の使節がアメリカに渡る際、海舟は、軍艦咸臨
丸の艦長として太平洋を横断し、サンフランシスコに渡航しま
した。⑥帰国後、軍艦奉行になり、神戸に海軍操練所を設立し
ました。⑦坂本龍馬らが海舟のもとで学びました。

⑧将軍徳川慶喜が政権を朝廷に返す（大政奉還）と、旧幕府軍と
新政府軍との間で戊辰戦争が起こりました。⑨新政府軍の攻撃
が江戸へ迫った際、海舟は新政府側の西郷隆盛と会談し、江戸
城の無血開城を実現させました。⑩海舟は明治新政府でも重職
につきました。

60. Sakamoto Ryoma (1835 - 1867)

① *Sakamoto Ryoma* was a
坂本龍馬
samurai of *Tosa* domain
土佐藩士
(*Kochi*). ② He thought that
Japan should keep out
外国人を締め出す
foreigners (antiforeigner).
攘夷

③ *Ryoma* left *Tosa* domain for *Edo*, and he met *Katsu*
～を離れて―へ向かった
Kaishu, the navy official of the shogunate, who insisted
幕府の海軍奉行   ～だと主張した
that Japan should open the country. ④ *Kaishu* talked
開国する   ～を説得して―させる
Ryoma into becoming his pupil. ⑤ In *Nagasaki*, *Ryoma*
弟子
started the *Kameyama-shachu* company (later, the
～を起こした 亀山社中
Kaien-tai company), the first trading company in Japan.
海援隊   貿易会社
⑥ Around that time, *Satsuma* domain (*Kagoshima*) and
薩摩藩
Choshu domain (*Yamaguchi*) thought that it was more
長州藩   ～と考えるようになった ～するよりも―するほうが重要だ
important to establish a powerful country without the
                                                   ～のない
shogunate than to keep out foreigners. ⑦ *Ryoma* acted
                                                          ～の仲介をした
as a go-between for *Satsuma* domain and *Choshu*

146

domain, and made them form the *Satsu-Cho* alliance.
_{～に―させた}　　　　　　　　　薩長同盟

[8] The fact that *Satsuma* domain and *Choshu* domain

worked together made the movement of overthrowing
手を結んだ　　　　　～を活発にした 倒幕の動き

the shogunate active, and the Return of Power Back to

the Court was realized. [9] Soon after that, someone
大政奉還
実現した　　　　その直後

attacked *Sakamoto Ryoma* at *Omi-ya* in *Kyoto*, and he
～を襲った

was killed.
殺された

---

60. 坂本龍馬 （1835 ～ 1867 年）

[1]坂本龍馬は、土佐藩（高知県）出身の藩士です。[2]龍馬は、外国を討ち払えという攘夷派でした。[3]龍馬は土佐藩を脱藩し、江戸へ出て、開国を唱える幕府の海軍奉行勝海舟と会いました。[4]龍馬は海舟に説得され、海舟の弟子になりました。[5]龍馬は、長崎で日本初の貿易会社「亀山社中」（のちの海援隊）を起こしました。

[6]当時、薩摩藩（鹿児島県）と長州藩（山口県）は攘夷よりも幕府を倒して強力な国をつくるほうが重要と考えるようになりました。[7]龍馬は、薩摩藩、長州藩の間をとりもって、薩長同盟を結ばせることに成功しました。

[8]薩摩、長州両藩が手を結んだことで、倒幕への動きが加速し、大政奉還が実現しました。[9]その直後、龍馬は京都の近江屋で何者かに襲われ、暗殺されてしまいました。

61. Tokugawa Yoshinobu (徳川慶喜)

Yoshinobu was born as a son of the head of *Mito* domain, *Tokugawa Nariaki*, and he was adopted into the *Hitotsubashi* family.
慶喜は水戸藩主徳川斉昭の子として生まれ、一橋家の養子になりました。

After the 13th shogun *Iesada*, *Yoshinobu* and *Tokugawa Iemochi* fought for the succession.
13代将軍家定の跡継ぎをめぐり、慶喜と徳川家茂が争いました。

Iemochi became the 14th shogun, and *Yoshinobu* assisted him.
14代将軍には家茂がつき、慶喜は将軍を補佐しました。

After *Iemori* died of illness, *Yoshinobu* became the 15th shogun.
家茂が病死すると、15代将軍となりました。

148

The movement to defeat the shogunate became strong.
世間では、幕府を倒そうという動きが強まっていました。

This movement made *Yoshinobu* return power back to the Court.
慶喜はこの動きを見て、政権を朝廷に返しました（大政奉還）。

Yoshinobu tried to carry out the government after that.
慶喜は、大政奉還後も政治を行なうつもりでした。

Anti-shogunate movement said that they were going to form the government with the emperor at the center of power.
倒幕派は天皇を中心とする政治に戻すことを宣言しました。

The ex-shogunate army didn't give up, and the Battle of *Toba-Fushimi* broke out.
旧幕府側は抵抗し、鳥羽・伏見の戦いが起こりました。

The battle between the ex-shogunate army and the new government army was called the *Boshin* War.
旧幕府軍と新政府軍との戦いは戊辰戦争と呼ばれました。

Yoshinobu gave up the *Edo-jo* castle without a fight.
慶喜は、江戸城を戦わずして明け渡しました。

Yoshinobu was exiled to *Sunpu* (*Shizuoka*), and he spent the rest of his life there.
慶喜は駿府(静岡県)に移され、余生を過ごしました。

Chapter 4

The Famous People from the Meiji Period to the Showa Period

第4章

明治時代から昭和時代までの有名人

The Main Events and the Key People from the Meiji Period to the Showa Period

① In 1868, the Charter Oath of Five Articles was
五箇条の御誓文

enacted, *Edo*'s name was changed to *Tokyo*, and the
定められた　　　　　　　　　　～に変えられた

period name was changed to *Meiji*. ② *Iwakura Tomomi*
年号　　　　　　　　　　　　　　　　　　　岩倉具視

and *Okubo Toshimichi* were sent to Europe and the
大久保利通　　　　　　　　　～に派遣された

US, and, after coming back to Japan, they disagreed
帰国後　　　　　　　　　　　　　　　　　　～と対立した

with *Saigo Takamori* and *Itagaki Taisuke* on whether
西郷隆盛　　　　　　　板垣退助

Japan should take complete control over Korea.
日本が～を完全に支配するべきかどうか

③ The cabinet system was started and *Ito Hirobumi*
内閣制度　　　　　　　　　　　　始められた　　　　　　伊藤博文

became the first prime minister. ④ The Japanese-Sino
初代内閣総理大臣　　　　　　　　　　　日清戦争

war broke out in 1894. ⑤ In 1904, the Japanese-Russo
起こった　　　　　　　　　　　　　　日露戦争

war broke out. ⑥ *Fukuzawa Yukichi* wrote *Encouragement*
福沢諭吉　　　　　　　　　『学問のすゝめ』

of Learning. ⑦ *Kitasato Shibasaburo* found a cure for
北里柴三郎　　　　　　　　　　　　～の治療法

tetanus, and *Noguchi Hideyo* is famous for his study
破傷風　　　　　　野口英世　　　　　　　　　　　　黄熱病の研究

on yellow fever.

⑧ In literature, works of *Mori Ogai* and *Natsume Soseki*
作品　　　　　　森鷗外　　　　　　夏目漱石

are famous. ⑨*Nitobe Inazo* worked hard as one of the
　　　　　新渡戸稲造
Undersecretaries General of the League of Nations.
事務局次長　　　　　　　　　　　国際連盟
⑩*Shibusawa Eiichi* was involved in the founding of
渋沢栄一　　　　　　　　　　　～に関わった　　　　　　設立
many companies and contributed to the modernization
　　企業　　　　　　　　　　貢献した　　　　　　　　近代化
of Japan's economy.
　　　　経済

明治時代から昭和時代までの主な出来事と人物

①1868年、五箇条の御誓文が定められ、江戸は東京に改称され、年号は明治に改められました。②岩倉具視・大久保利通らが欧米に派遣され、帰国後、西郷隆盛・板垣退助らと征韓論で対立しました。③内閣制度が発足し、伊藤博文が初代内閣総理大臣になりました。④1894年、日清戦争が起こりました。⑤1904年には、日露戦争が起こりました。⑥福沢諭吉は『学問のすゝめ』を著しました。⑦北里柴三郎は破傷風の治療法を発見し、野口英世は黄熱病の研究で知られています。⑧文学では、森鷗外・夏目漱石らの作品が有名です。⑨新渡戸稲造は国際連盟本部の事務局次長として活躍しました。⑩渋沢栄一は多くの企業の設立に関わり、日本経済の近代化に貢献しました。

⑪ *Tsuda Umeko* founded the Women's English School
津田梅子　　　　　　創設した　　　　　　女子英学塾

and made great efforts for the education of women.
　　　　　　　努力　　　　　　　　教育　　　　　　女性(複数形)

⑫ Japan entered into the Pacific War. ⑬ After atomic
　　　～に突入した　　　太平洋戦争　　　　　　　原爆

bombs were dropped over *Hiroshima* and *Nagasaki*,
　　　　～に落とされた

Japan decided to accept the Potsdam Declaration.
　　　　　　　～を受諾する ポツダム宣言

⑭ Emperor *Showa*'s speech was broadcast over the
　　昭和天皇　　　　　　　　　　ラジオで放送された

radio and he said that Japan lost the war. ⑮ Prime
　　　　　　　　　　日本が敗戦した　　　　　　吉田茂首相

Minister *Yoshida Shigeru* made the Treaty of San
　　　　　　　　　　　　　　　　サンフランシスコ平和条約

Francisco, and Japan was able to stand on its own
　　　　　　　　　　　　　　　　　独立する

legs. ⑯ From 1955, the Liberal Democratic Party continued
　　　　　　　　　　　自由民主党　　　　　　　　　～し続けた

to hold power with *Tanaka Kakuei*, *Nakasone Yasuhiro*,
　　持つ　権力　　～が…する状態で 田中角栄　　　中曽根康弘

and others serving as prime ministers.
～など　　　　　　務める　　～として首相

⑰ *Kawabata Yasunari* was awarded the Nobel Prize in
川端康成　　　　　　　　　受賞した　　　　　　ノーベル文学賞

Literature. ⑱ *Matsushita Konosuke* built up *Matsushita*
　　　　　　　松下幸之助　　　　　　　築いた　　松下電器産業

Electric Industrial Company (present-day *Panasonic*) in
　　　　　　　　　　　　　　　　現在の　　　　パナソニック

one generation and was called the "God of
　　世代　　　　　　　　　～と呼ばれた　　　　　　神様

Management." ⑲ Film director *Kurosawa Akira* became
経営　　　　　　映画　　監督　　　黒澤明　　　　　　～になった

154

famous around the world. ⑳ *Tezuka Osamu* influenced
有名な　　世界中で　　　　　　　手塚治虫　　　　　　　影響を与えた

many manga artists. ㉑ *Misora Hibari* became a leading
漫画家　　　　　　　　美空ひばり　　　　　　　　　　代表的な

star of the *Showa* era.
　　　　　昭和時代

⑪津田梅子は女子英学塾を創設し、女子の教育に尽力しました。
⑫日本は、太平洋戦争に突入しました。⑬広島、長崎に原子爆
弾が投下され、ポツダム宣言の受諾を決めました。⑭昭和天皇
はラジオ放送で降伏を伝えました。⑮吉田茂首相がサンフラン
シスコ平和条約に調印し、日本は独立を回復しました。
⑯1955年以降、長らく自民党政権が続き、田中角栄、中曽
根康弘らが首相を務めました。⑰川端康成はノーベル文学賞を
受賞しました。⑱松下幸之助は一代で松下電器産業（現パナソ
ニック）を築き、「経営の神様」と呼ばれました。⑲映画監督
の黒澤明は世界的に有名になりました。⑳手塚治虫は多くの漫
画家に影響を与えました。㉑歌手の美空ひばりは昭和を代表す
るスターとなりました。

62. Saigo Takamori (1827 - 1877)

① *Saigo Takamori* was a
西郷隆盛

samurai of *Satsuma* domain
薩摩藩士

(*Kagoshima*). ② *Saigo* came to

think that Japan should open
日本は開国するべきだ

the country, and he led *Satsuma*
~を指導した

domain with *Okubo Toshimichi*. ③ *Satsuma* domain

entered into the *Satsu-Cho* alliance with *Choshu* domain
~を結んだ 薩長同盟

and *Saigo* worked hard on overthrowing the
~に力を尽くした 倒幕すること

shogunate. ④ In the *Boshin* War, *Saigo* acted as a
戊辰戦争

commander of the new government army and talked
司令官として 新政府軍 ~を説得して—させた

Katsu Kaishu of the shogunate into giving up *Edo-jo*
~を明け渡すこと

castle without any battles. ⑤ He took an important post
戦うことなく 重職についた

in the *Meiji* government, and he set up a system of
明治政府 ~を始めた 県の体制

prefectures (*ken*) instead of domains (*han*). ⑥ *Saigo*
藩

tried to take complete control over Korea, which didn't
~を完全に支配する

open the country. ⑦ However, *Okubo Toshimichi* and
鎖国していた

156

Iwakura Tomomi <u>disagreed with</u> him, so *Saigo* left the
　　　　　　　　　　　　　~に反対した
government and went back to *Kagoshima*.

⑧ In 1877, samurai in *Kagoshima* who were unhappy
　　　　　　　　　　　　　　　　　　　　　~に不満だった
with the *Meiji* government <u>placed</u> *Saigo* as their leader
and began the *Seinan* War. ⑨ *Saigo* was <u>defeated</u> in the
　　　　　~をリーダーとして据えた　　　　　　　　　　　　　　敗れた
　　　西南戦争
war and <u>killed himself.</u>
　　　　自害した

---

62. 西郷隆盛（1827～1877年）

①西郷隆盛は、薩摩藩（鹿児島県）の藩士でした。②西郷は開国派となり、大久保利通らと薩摩藩を指導するようになりました。③長州藩と薩長同盟を結び、西郷は、討幕に力を尽くしました。④戊辰戦争では新政府軍の司令官となり、幕府側の勝海舟と会談して江戸城を無血開城させました。⑤明治政府においても重職につき、廃藩置県を実行しました。

⑥西郷は、鎖国を続ける朝鮮を開国させようとする征韓論を主張しました。⑦しかし、征韓論は大久保利通や岩倉具視らに反対され、西郷は政府をやめて故郷の鹿児島に戻りました。⑧1877年、明治政府に不満をもった鹿児島の士族たちが西郷をかついで西南戦争を起こしました。⑨政府軍に敗れた西郷は自ら命を絶ちました。

63. Okubo Toshimichi (1830 - 1878)

① *Okubo Toshimichi* was born
大久保利通　　　　　　　　　～に生まれた
into a low grade samurai
　　　　　下級武士の家
family in *Satsuma* domain
　　　　　薩摩藩
(*Kagoshima*). ② He and *Saigo*

Takamori said that the Court
　　　　　　　　　　　　朝廷
and the shogunate should get together. ③ After *Okubo*
　　幕府　　　　　　　　　手を結ぶ
saw with his own eyes the power of foreign countries
～を目のあたりにした
in the Anglo-*Satsuma* war, he changed his mind and
　　　薩英戦争　　　　　　　　　考えを変えた
said that the shogunate should be overthrown. ④ He
　　　　　　　倒幕されるべきだ
entered into the *Satsu-Cho* alliance through the effort
～を結んだ　　薩長同盟　　　　　　　　　努力
of *Sakamoto Ryoma*, and he overthrew the shogunate

with *Choshu* domain and a court noble, *Iwakura*
　　長州藩　　　　　　朝廷の貴族(→公家)
Tomomi, and restored the government by the emperor.
　　　　　王政を復古した
⑤ In the *Meiji* government, *Okubo* worked to return the
　　　明治政府　　　　　　　　　　版籍を奉還した
land and people from domains to the emperor and set

up a system of prefectures (*ken*) instead of domains (*han*).
廃藩置県を行なった

⑥He also took part in a group led by *Iwakura Tomomi*
　　　　　　　　　～に参加した
and went to see European countries and the US.

⑦*Okubo*, who believed that Japan should increase wealth
　　　　　　　　　　　　　　　　　　　富国強兵する
and military power, brought down *Saigo Takamori*
　　　　　　　　　　　　　　　～を退けた
who wanted to take complete control over Korea. ⑧He
　　　　　　　　　～を完全に支配する
enacted the Land-tax Reform and built governmental
～を制定した　地租改正　　　　　　　　　　　　　官営工場
factories. ⑨He put down the *Seinan* War by force of
　　　　　　　　～を鎮めた　　西南戦争　　　　　　　軍隊の力で
arms in 1877.

---

63. 大久保利通 (1830 ～ 1878 年)

①大久保利通は、薩摩藩(鹿児島県)の下級武士の家に生まれました。②西郷隆盛らとともに、朝廷と幕府が手を結ぶ公武合体論を唱えました。③しかし、薩英戦争で外国の力を見せつけられると、倒幕論に転じました。④坂本龍馬の仲立ちで薩長同盟を結ぶと、長州藩や公家の岩倉具視らと倒幕を進め、王政復古を実現させました。

⑤明治新政府では、版籍奉還や廃藩置県に力を尽くしました。⑥また、岩倉具視を大使とする使節団に参加し、欧米各国を視察しました。

⑦富国強兵の考えを強くもった大久保は、西郷らの征韓論者を退けました。⑧大久保は、地租改正や官営工場の設立などを推し進めました。⑨1877 年に起こった西南戦争を、軍隊の力で鎮めました。

64. Iwakura Tomomi (1825 - 1883)

① *Iwakura Tomomi* was born
岩倉具視　　　　　　　〜として生まれた
as a son of a court noble in
　　　　　　　朝廷の貴族(→公家)
Kyoto and served Emperor
　　　　　〜に仕えた　孝明天皇
Komei. ② The shogunate,

which couldn't decide whether
　　　　　　　　〜するか―するか決める
to keep out foreigners or to open the country, tried to
　　外国人を排斥する　　　　　開国する
join hands with the Court to set the government in
〜と結ぶ　　　　朝廷　　　　〜を安定させる
order. ③ *Iwakura* arranged for the sister of Emperor
　　　　　　　　　　〜を―と結婚させる
Komei, *Kazunomiya*, to marry the 14th shogun
　　　　　　　　　　　　　　　　　14代将軍
Iemochi to strengthen the power of the Court.
　　　〜を強める
④ Since the movement to overthrow the shogunate
　　　　　　　倒幕運動
became strong, *Iwakura* worked with *Okubo Toshimichi*

and they joined hands with *Satsuma* domain and
　　　　　　　　　　　　　　　薩摩藩
Choshu domain, which planned to ruin the shogunate
長州藩　　　　　　　　〜を計画した　〜を武力で滅ぼす
by force of arms. ⑤ Later, the Return of Power Back to
　　　　　　　　　　　　　　　　大政奉還
the Court was realized and the Ordinance of Restoration
　　　　　実現した　　　　　　王政復古の大号令

160

of the Government by the Emperor was enacted.
～が発せられた

⑥ *Iwakura*, who was the vice-minister of state in the
右大臣

Meiji government, was given full power to represent
明治政府　　　　　　全権を与えられた　　　　　～を代表する

Japan to go to see European countries and the US with

Okubo and *Ito Hirobumi*. ⑦ After he came back, he said

that Japan should strengthen the power of the country

first, and he disagreed with the *Saigo Takamori*'s
まず最初に　　　　～に反対した

opinion to take complete control over Korea.
韓国を完全に支配するという意見（→征韓論）

---

64. 岩倉具視 (1825 ～ 1883 年)

①岩倉具視は、京都の**公家**の子として生まれ、孝明天皇に仕えました。②**攘夷**か開国かをめぐり混乱した幕府は、朝廷と結んで政治を安定させようとしました（**公武合体**）。③岩倉は、朝廷の政治力を高めようと考え、14代将軍家茂と孝明天皇の妹である**和宮**の結婚の実現を推し進めました。

④倒幕運動が高まると、**大久保利通**らと連携し、武力で幕府を倒そうとする薩摩・長州藩と結びました。⑤やがて**大政奉還**が行なわれ、王政復古の大号令を発することに成功しました。

⑥明治新政府では右大臣を務め、使節団の全権大使として大久保、**伊藤博文**らとともに欧米を視察しました。⑦帰国後は、国力を強めるのが優先であるとして、**西郷隆盛**らが主張する**征韓論**を退けました。

65. Ito Hirobumi (1841 - 1909)

① *Ito Hirobumi* was born in
伊藤博文
Suo province (*Yamaguchi*).
周防国
② He studied at *Shokason-juku*
松下村塾
school, whose head was
その塾長
Yoshida Shoin, and took part

in the imperialist's antiforeigner movement with *Inoue*
尊王攘夷運動
Kaoru and *Takasugi Shinsaku*.

③ *Hirobumi* went to Great Britain with *Inoue* to study
大英帝国
in 1863. ④ At that time, he realized that it was foolish to
悟った   ばかげた
try to keep off foreigners, so he changed his mind and
外国人を排斥する   考えを変えた
insisted Japan should open the country. ⑤ In 1871,
主張した   開国する
Hirobumi visited European countries and the US as

a member of *Iwakura* Mission. ⑥ In 1885, *Ito Hirobumi*
〜の一員として   岩倉使節団
became the first prime minister. ⑦ The Constitution of
初代内閣総理大臣   大日本帝国憲法
the Empire of Japan, which was formed by *Hirobumi*
                                      〜によってつくられた
and others, was issued in 1889.
            発布された

[8]In 1895, in the peace conference after the Japanese-
講和会議　　　　　　　　　　　　　　　　日清戦争
Sino War, *Hirobumi* sat at the negotiating table as the
サイノウ　　　　　　　　　　　　　　交渉に臨んだ
person in charge of Japan, and signed the Treaty of
~の責任者　　　　　　　　　　　　　　　~に署名した　下関条約
Shimonoseki.　[9] *Ito Hirobumi* became the first
　　　　　　　　　　　　　　　　　　　　　　　初代統監
supervisor of the governing office in Korea, but he was
韓国の統監府
killed by a nationalist of Korea in 1909.
民族運動家

---

65. 伊藤博文（1841 ～ 1909 年）

[1]伊藤博文は、周防国（山口県）に生まれました。[2]吉田松陰の松下村塾で学び、井上馨や高杉晋作らと尊王攘夷運動に参加しました。

[3]1863 年、博文は井上らとともにイギリスへ留学しました。

[4]そのとき、攘夷が無謀であることを悟り、開国論に転じました。

[5]1871 年、博文は岩倉使節団の一員として欧米を視察しました。

[6]1885 年、博文は初代内閣総理大臣に就任しました。[7]博文が中心となってつくった「**大日本帝国憲法**」が、1889 年に発布されました。

[8]1895 年、**日清戦争**後の講和会議では、博文は日本全権として交渉に臨みました（**下関条約**）。[9]博文は、初代韓国統監になりましたが、1909 年に韓国の民族運動家によって暗殺されました。

66. Fukuzawa Yukichi (1834 - 1901)

① *Fukuzawa Yukichi* was born
福沢諭吉

in *Osaka* though his father was
〜だけれども

a low grade samurai in *Nakatsu*
下級武士   中津藩

domain (*Oita*). ② *Yukichi*

studied Dutch studies at the
蘭学

Teki-juku school which *Ogata Koan* opened in *Osaka*.
適塾

③ After that, *Yukichi* set up his own school for Dutch
〜を設立した

studies in *Edo* while teaching himself English.
独学で英語を勉強する一方

④ *Yukichi* took part in a group which was sent to the
〜に参加した   アメリカに派遣された

US by the shogunate to make a treaty of amity and
修好通商条約を結ぶために

commerce, so he got on the *Kanrin-maru* ship, whose
〜に乗り込んだ

captain was *Katsu Kaishu*. ⑤ *Yukichi* also joined a
艦長

group sent to Europe. ⑥ He put what he saw and heard
本にまとめた

in foreign countries into a book, *Things Western*, and
外国で   『西洋事情』

published it.
〜を出版した

⑦ *Yukichi* changed the name of his school for Dutch
〜の名前を—に変えた

studies to *Keio-gijuku* school and moved it to *Shiba*
慶應義塾　　　　　　　　　　　　　　　　　　　　　　　　　　～を―へ移した

(*Tokyo*), in which many young people studied.
そこでは

⑧ *Yukichi* also published another book, *Encouragement*
『学問のすゝめ』

of Learning, which started with "Heaven doesn't make
～で始まる　　　　　　「天は人の上に人を造らず、人の下に人を造らず」

a man better than others, nor does it make a man worse
そしてまた～ない

than others," and, in the book, he insisted that freedom,
自由

equality, and learning were important for human beings.
平等　　　　　　　学問　　　　　　　　　　　　　　　　　　人間

---

66. 福沢諭吉（1834 ～ 1901 年）

①福沢諭吉は、中津藩（大分県）の下級武士の子として、大坂で生まれました。②諭吉は、大坂にあった**緒方洪庵**の適塾で蘭学を学びました。③その後、諭吉は江戸で蘭学の塾を開く一方、英語を独学で勉強しました。

④諭吉は、幕府が日米修好通商条約の手続きのためアメリカへ送る使節団の一行に加わり、**勝海舟**を艦長とする咸臨丸に乗り込みました。⑤諭吉は、ヨーロッパへの使節団にも参加しました。⑥諭吉は、海外で見聞きしたことを『西洋事情』にまとめ、出版しました。

⑦諭吉は蘭学塾を芝（東京都）に移して**慶應義塾**と名づけ、多くの人材を養成しました。

⑧また諭吉は、「天は人の上に人を造らず、人の下に人を造らず…」という文で始まる『学問のすゝめ』を発表し、人間の自由や平等、学問の大切さを主張しました。

67. Itagaki Taisuke (1837 - 1919)

① *Itagaki Taisuke* was born
板垣退助　　　　　　〜に生まれた
into a samurai family in *Tosa*
　　　武士の家　　　　　　　土佐藩
domain (*Kochi*). ② In the *Boshin*
　　　　　　　　　　　　戊辰戦争
War, he joined the new
　　　　　　　　　　　新政府軍
government army with samurai

of *Tosa* domain, and he did a good job when the ex-
　　　　　　　　　　活躍した　　　　　　　旧幕府軍
shogunate army attacked *Aizu-jo* castle. ③ Since
　　　　　　　　　　会津城
Itagaki played a main role in *Tosa* domain, he took an
〜で中心的な役割を果たした　　　　　　　　　　高い役職についた
important post in the *Meiji* government, too. ④ He and
　　　　　　　　　明治政府
Saigo Takamori said that Japan should take complete
　　　　　　　　　　　　　　　　　　　　〜を完全に支配する
control over Korea, but *Itagaki*'s policy was turned
　　　　　　　　　　　　　　　政策　　却下された
down and he left the government.

⑤ *Itagaki* said that it was not good that the government

was made up of people from some particular domains
〜から成り立っていた　〜出身の人々　　ある特定の藩
such as *Satsuma* domain and *Choshu* domain.
〜のような
⑥ *Itagaki* turned in a report to require the setting up of
　　　　　　〜を提出した　　国民によって選ばれた国会の設立を求める建白書

166

a Diet elected by the people, and he became the leader

of the movement for democratic rights. ⑦ After
　　　　　　　　　　　　　　　　　指導者
　　　自由民権運動

establishment of the Imperial Diet was decided, *Itagaki*
帝国議会の開設

formed the Liberal Party. ⑧ It is said that he cried,
~を結成した　自由党　　　　　　　　　　~といわれている

"Even if you can kill *Itagaki*, you can not kill liberty,"
「板垣死すとも自由は死せず」

when he was attacked in the middle of his speech.
　　　　　　　　　　　　　　　　演説中に

---

67. 板垣退助（1837～1919年）

①板垣退助は、土佐藩（高知県）の武士の家に生まれました。②戊辰戦争では、土佐藩の武士を率いて新政府軍に加わり、旧幕府軍の会津城攻撃などで活躍しました。③板垣は、明治新政府では土佐藩を代表して高い役職につきました。④しかし、西郷隆盛らと征韓論を主張し、これに敗れると、政府から離れました。⑤板垣は、政府が薩摩藩や長州藩など一部の藩の出身者で占められていると批判しました。⑥そして、国会の設立を求める民撰議院設立建白書を政府に出し、自由民権運動の指導者となりました。⑦国会（帝国議会）の開設が決まると、板垣は自由党を結成しました。⑧演説中に襲われて負傷したとき、「板垣死すとも自由は死せず」とさけんだといわれています。

68. Nitobe Inazo (1862 - 1933)

① *Nitobe Inazo* was born in
新渡戸稲造

Morioka, *Nanbu* domain
盛岡　　　　　南部藩

(*Iwate*), in 1862. ② He studied

hard in *Sapporo* Agricultural
札幌農学校

College (now, *Hokkaido*
北海道大学

University) and at *Tokyo* Imperial University (now,
東京帝国大学

the University of *Tokyo*). ③ After that, he wanted to act as
東京大学　　　　　　　　　　　　　　　　　　　　　　　　　　　　～として活動する

a go-between for Japan and the US and went abroad to
橋渡し役

study at a university in the US. ④ He met Mary Elkinton
メアリー・エルキントン

there and married her. ⑤ After coming back to Japan,

he worked to raise the level of Japanese education as
～を上げる　日本の教育レベル

a professor at *Tokyo* Imperial University, and as the first
教授　　　　　　　　　　　　　　　　　　　　　　　　　　　　　　　　　　　　　初代学長

president of *Tokyo* Woman's Christian University.
東京女子大学

⑥ *Inazo* wrote many books, and among them, *BUSHIDO:*
『武士道』

The Soul of Japan published in 1900 was translated
～に翻訳された

into many languages and became very popular.

⑦In 1914, World War I broke out. ⑧After the war, in
　　　　　　第一次世界大戦　　勃発した
1920, the League of Nations was formed for world
　　　　　国際連盟　　　　　　　　　　　　　　　　世界平和
peace, and *Inazo* was elected one of its Undersecretaries
　　　　　　　　　選ばれた　　　　　　　　　　事務次長
General. ⑨*Nitobe Inazo*'s portrait was on the 5,000 yen
　　　　　　　　　　　　肖像画　　　　　　　　5千円紙幣
note until 2004.

---

68. 新渡戸稲造（1862 ～ 1933 年）

①新渡戸稲造は、1862 年に南部藩（岩手県）盛岡に生まれました。
②稲造は、札幌農学校（現在の北海道大学）や東京帝国大学（現在の東京大学）で学問に励みました。③さらに稲造は、「太平洋のかけ橋」になりたいと願い、アメリカの大学へ留学しました。
④稲造は、アメリカで出会ったメアリー・エルキントンと結婚しました。⑤帰国後は、東京帝国大学の教授や東京女子大学の初代学長を務め、教育に力を注ぎました。
⑥稲造は、多くの書物も著し、なかでも 1900 年に刊行された『武士道』は、多くの言語に翻訳されて大評判になりました。
⑦1914 年に、第一次世界大戦が勃発しました。⑧第一次世界大戦後の 1920 年、世界平和を目指すために国際連盟が結成され、稲造は**事務次長**に選ばれました。⑨新渡戸稲造の肖像画は、2004 年まで 5 千円紙幣に使用されていました。

69. Mori Ogai (1862 - 1922)

① *Mori Ogai*, whose real given
森鷗外　　　　　　　　　　本名
name was *Rintaro*, was born
　　　　　　　　　　　　　　～に生まれた
into a doctor's family in
Tsuwano, *Iwami* province
(*Shimane*). ② At the age of 19,
　　　　　　　　　　　　～歳のときに
he graduated in medicine from the University of *Tokyo*,
医学部を卒業した　　　　　　　　　　　　東京大学
and joined the army. ③ After that, he went to Germany
陸軍に入った　　　　　　　　　　　　　　　　ドイツ
as an army doctor to study medical science.
軍医　　　　　　　　　医学
④ After he came back to Japan, a collection of poems,
　　　　　　　　　　　　　　　　詩集
Omokage, which contained the works of Goethe,
『於母影』　　　　　　　　　　　　作品　　　　ゲーテ
Shakespeare, and so on, translated mainly by *Ogai*, was
シェイクスピア　　　　　　　　主に～によって翻訳された
published. ⑤ *Ogai* wrote his first novel, *The Dancing*
出版された　　　　　　　　　　　　　　　　　　　『舞姫』
Girl (*Mai-hime*), and he kept on publishing novels one
　　　　　　　　　　　　　　～し続けた　　　　　　次々と
after another.

⑥ In 1912, the commander of the Japanese-Russo War,
　　　　　　　　司令官
Nogi Maresuke, killed himself after Emperor *Meiji*
　　　　　　　　自殺した　　　　　　　　　　明治天皇

died. ⑦*Ogai* was shocked with this incident and wrote
　　　　　　～にショックを受けた　　　　事件
a historical novel, *The Suicide Note of Okitsuya*
歴史小説　　　　　　『興津弥五右衛門の遺書』
Goemon, which was a story about following to their
　　　　　　　　　　　　　　　殉死
master's grave.　⑧ His well-known books, *The Abe*
　　　　　　　　　　　よく知られた　　　　　『阿部一族』
Family, *Sansho the Manor Lord*, and *The Boat on the*
　　　　『山椒大夫』　　　　　　　　『高瀬舟』
Takase River, were written around that time.

---

69. 森鷗外（1862～1922年）

①森鷗外（本名林太郎）は、石見国（島根県）津和野で医者の家に生まれました。②19歳で東京大学医学部を卒業し、陸軍に入りました。③陸軍医としてドイツに留学し、医学を学びました。④帰国後、ゲーテやシェイクスピアなどの作品を、鷗外が中心となって翻訳した詩集『於母影』が発表されました。⑤鷗外は初めての小説『舞姫』を書き、その後も次々と小説を発表しました。

⑥1912年、日露戦争の司令官乃木希典が明治天皇の後を追って殉死しました。⑦鷗外は、この事件に衝撃を受け、殉死をテーマとする歴史小説『興津弥五右衛門の遺書』を書きました。⑧代表作の『阿部一族』、『山椒大夫』、『高瀬舟』も、このころ書かれました。

70. Natsume Soseki (1867 - 1916)

①*Natsume Soseki* was born in
夏目漱石　　　　　　　～に生まれた

Ushigome in *Tokyo*. ② After he

went on to *Tokyo* Imperial
～に進学した　　　　東京帝国大学

University (now, the University
　　　　　　　　　　東京大学

of *Tokyo*) to study English
　　　　　　　　　　　　　　英文学

literature, he taught English at Tokyo higher teacher's

school, and at schools in *Matsuyama*, *Ehime*, and in
東京高等師範学校

Kumamoto. ③ The Education Ministry sent him to
　　　　　　　　　文部省

study in London, Great Britain.
　　　　ロンドン　　大英帝国

④ He studied hard in London, but he suffered a serious
　　　　　　　　　　　　　　　　　　　　　重い神経症になった

neurosis and came back to Japan two years later. ⑤ After

that, he taught English in his old school, *Tokyo* Imperial
　　　　　　　　　　　　　　　　母校

University. ⑥ At that time, a haiku poet, *Takahama*
　　　　　　　　　　　　　　　俳人

Kyoshi encouraged him to write novels, and he published
　　　　　～に―するように促した　　　　　小説　　　　　　～を出版した

I Am a Cat in a literary magazine, *Hototogisu*. ⑦ His
『吾輩は猫である』　文芸雑誌　　　　　　「ホトトギス」

next novel, *Little Master* (*Botchan*) also became
　　　　　　　　　「坊っちゃん」

popular, and he made his mark as a novelist. [8] At this
　　　　　　　　　～として名を挙げた
time, he quit his teaching job and joined the *Asahi*
　　　　　～を辞めた　　教職　　　　　　　～に入社した　朝日新聞社
Shimbun Company, where he published *Sanshiro, And*
　　　　　　　　　　　　　そこで　　　　　　『三四郎』　　「それから」
Then, The Gate, and so on one after another.
　　　　『門』　　　　　　　　　次々と
[9] He died in 1916, at the age of 50, when he was writing
　　　　　　　　　　　　　　～歳のときに
Light and Darkness. [10] *Natsume Soseki*'s portrait was
『明暗』　　　　　　　　　　　肖像画
on the 1,000 yen note from 1984 until 2004.
　　千円紙幣

---

70. 夏目漱石 （1867 ～ 1916 年）

[1] 夏目漱石は東京の牛込に生まれました。 [2] 東京帝国大学（現在の東京大学）英文科に進学し、卒業後は、東京高等師範学校、愛媛県の松山、熊本で英語の教師をしました。 [3] 文部省に留学を命じられ、大英帝国のロンドンに渡りました。
[4] 漱石は、ロンドンで勉強に励みましたが、重い神経症になり、2 年後に帰国しました。 [5] 帰国後は、母校の東京帝国大学で英語を指導しました。 [6] そのころ、俳人高浜虚子に勧められ、雑誌『ホトトギス』に『吾輩は猫である』を発表しました。 [7] 続いて発表した『坊っちゃん』も好評で、漱石は小説家としての地位を確立しました。 [8] このころ、教職を辞めて朝日新聞社に入社し、『三四郎』、『それから』、『門』など次々と作品を書きました。
[9] 1916 年、50 歳のとき、『明暗』を執筆中に亡くなりました。
[10] 漱石の肖像画は、1984 年から 2004 年まで千円紙幣に使用されていました。

71. Kitasato Shibasaburo (1852 - 1931)

①*Kitasato Shibasaburo* was
北里柴三郎
born into a village headman
〜に生まれた　庄屋の家
family in *Higo* province
肥後国
(*Kumamoto*). ② After graduating
医学部を卒業すること
in medicine from the University
東京大学
of *Tokyo*, he worked for the Health Bureau in the
内務省衛生局
Interior Ministry. ③ Cholera broke out in *Nagasaki*
コレラ　　　発生した
around that time, so *Kitasato* studied this sickness and
〜を研究した
became the first person to find the germs of cholera in
〜した最初の人　　　　　コレラ菌
Japan. ④ He was sent to Germany and he studied
〜に派遣された　ドイツ
bacteria under Koch, a world-famous bacteriologist.
細菌　　〜のもとで コッホ　　　　　　　　細菌学者
⑤*Kitasato* succeeded in culturing tetanus bacillus and
〜に成功した　　〜を培養すること 破傷風菌
found a cure for this sickness. ⑥ When he came back to
〜の治療法
Japan, he became the head of the Institute of Infectious
〜の所長　　　　伝染病研究所
Diseases established with support from *Fukuzawa*
〜の援助で設立された
Yukichi and others. ⑦ *Shiga Kiyoshi*, who found

Shigella, and *Noguchi Hideyo*, who was famous for his
赤痢菌
study of yellow fever, came to him to study and work.
黄熱病
⑧ After leaving the institute, *Kitasato* founded *Kitasato*
～を辞めること
～を創設した　北里研究所
Institute.　⑨ It was announced that *Kitasato*
発表された
Shibasaburo will be on the front of the 1,000 yen note
表　　　　千円札
from the year 2024.

---

71. 北里柴三郎 （1852 〜 1931 年）

①北里柴三郎は、肥後国（熊本県）の庄屋の家に生まれました。
②東京大学医学部を卒業後、内務省衛生局に勤務しました。
③当時、長崎でコレラが発生し、北里はこれを研究し、日本で最初にコレラ菌を発見しました。
④北里は、ドイツ留学を命じられ、世界的な細菌学者コッホのもとで細菌学を研究しました。⑤北里は、感染症である破傷風菌の培養に成功し、その治療法を発見しました。⑥帰国後は、福沢諭吉らの援助で設立された伝染病研究所の所長となりました。
⑦北里のもとには、赤痢菌を発見した志賀潔や黄熱病の研究で有名な野口英世らが集まりました。⑧北里は、伝染病研究所を辞めたのち、北里研究所を創設しました。⑨北里柴三郎は、2024年度から千円札の表の図柄になることが発表されています。

72. Noguchi Hideyo (1876 - 1928)

①*Noguchi Hideyo* was born
野口英世　　　　　　　～に生まれた
into a poor farm family in
　　　　貧しい農家
Fukushima. ②He fell into a
　　　　　　　　～に落ちた
fireplace and burned on his
いろり　　　　　　　　～にやけどをした
left hand so badly that he lost

the use of his left fingers. ③However, when he was in
～が不自由になった

higher elementary school, he had an operation with the
高等小学校　　　　　　　　　　　　手術を受けた　　　　　～の助けを借りて

help of his teacher and classmates, and regained the
　　　　　　　　　　　　　　　　　　　　　　～をとり戻した

use of his fingers. ④This inspired him to go into medicine.
　　　　　　　　　　　　～を動機づけた　　　　医学を志す

⑤He got a medical license at the age of 20, and became
　　　　　　医師免許　　　　　　～歳のときに

an assistant at the Institute of Infectious Diseases.
助手　　　　　　　　　伝染病研究所

⑥After he went to the US at the age of 24, a study of

snake venoms bore fruit and he began to work in the
蛇の毒　　　　　実を結んだ

famous Rockefeller Institute of Medical Research.
　　　　ロックフェラー研究所

⑦*Hideyo* became famous around the world, and came

back to Japan in 1915. ⑧Around that time, yellow fever
　　　　　　　　　　　　　　　　　　　　　　黄熱病

176

spread throughout Ecuador in South America, so he
~中に広まった　　　エクアドル　　　南米

went there and made a vaccine. ⑨ However, it had no
　　　　　　　　　　　　ワクチン

effect on yellow fever in Africa. ⑩ *Hideyo* went to
~に効果がなかった

Ghana and worked on yellow fever again, but he
ガーナ

himself died of yellow fever. ⑪ *Noguchi Hideyo*'s
　　　　　~で死ぬ

portrait is on the 1,000 yen note now.
肖像画　　　　　　　　千円紙幣

---

72. 野口英世（1876～1928年）

①野口英世は、福島県の貧しい農家に生まれました。②幼いころいろりに落ちて左手にやけどを負い、指が動かせなくなりました。③高等小学校のとき、教師や級友の援助により手術を受けて、指を動かすことができるようになりました。④英世は、この出来事をきっかけに、医学を志すようになりました。

⑤20歳のとき開業医試験に合格し、**伝染病研究所**の助手になりました。⑥24歳のときアメリカに渡り、蛇の毒の研究で成果をあげ、有名な**ロックフェラー研究所**に入りました。⑦英世の名は世界で知られるようになり、1915年に帰国しました。

⑧そのころ、南米のエクアドルで**黄熱病**が流行すると、英世は流行地に赴き、ワクチンを作りました。⑨しかし、アフリカの黄熱病には効果がありませんでした。⑩英世は、ガーナに向かい、再び黄熱病の研究に取り組みましたが、英世自身が黄熱病に感染し、亡くなりました。⑪野口英世の肖像画は、現在の千円紙幣に使用されています。

73. Shibusawa Eiichi (1840 - 1931)

① *Shibusawa Eiichi* was born in
渋沢栄一　　　　　　　生まれた
1840 in *Fukaya* City in present-
　　　　　　　　　　　　現在の
day *Saitama* *to a farming
　　　　　　　　　　農家
family. ② *Eiichi* traveled around
　　　　　　　　旅した　　～じゅう
Europe as a member of the
ヨーロッパ　～として　一員
delegation that went to the Paris Universal Exposition,
使節団　　　　　　　行った　　　　パリ万国博覧会
learning the real conditions of European countries.
学んだ　　　本当の 状況　　　　欧州の　　国々
③ After returning to Japan, *Eiichi* founded an organization
　　　　戻ること　　　　　　　　設立した　　　組織
called *Shoho Kaisho*, which was Japan's first joint-stock
～と呼ばれる 商法会所　　　　　　　　　初の　　株式会社
company. ④ *Eiichi* was invited by the *Meiji* government
（←株式資本の会社）　招かれた　　　　明治政府
and worked on reforms of the monetary system as a
　　　～に取り組んだ　改革　　　　　貨幣　　　制度
member of the Ministry of Finance. ⑤ When Japan's first
　　　　　大蔵省
bank was founded as First National Bank (present-day
銀行　　　　　　　　第一国立銀行
Mizuho Bank), *Eiichi* left the Ministry of Finance and
みずほ銀行　　　　　　　去った
was engaged in the management of the bank. ⑥ After
～に携わった　　　　　経営
that, *Eiichi* was involved in the management and founding
　　　　　　～に関わった　　　　　　　　　　　創立
＊ to :「～のもとに」という意味を表わす前置詞。

178

of the Bank of Japan, *Mitsui* Bank (present-day
<u>日本銀行</u>　　　<u>三井銀行</u>

Sumitomo Mitsui Banking Corporation), **Tokyo* Stock
<u>三井住友銀行</u>　　　　　　　　　　　　<u>東京株式取引所</u>

Exchange, and others. [7] It is said that *Eiichi* was
<u>（現在の東京証券取引所）</u>　<u>〜など</u>　　<u>…といわれている</u>

involved in the founding and management of about 500

companies in his lifetime. [8] It was announced that
　　　　　<u>生涯</u>　　　<u>発表された</u>

Shibusawa Eiichi will be on the front of the 10,000 yen
　　　　　　　　　　　　　　　<u>表</u>　　<u>1万円札</u>

note from the year 2024.

＊東京株式取引所も東京証券取引所も、英語では Tokyo Stock Exchange で表わす。

---

73. 渋沢栄一（1840 〜 1931 年）

　[1]渋沢栄一（しぶさわえいいち）は、1840 年に現在の埼玉県深谷市の農家に生まれました。[2]栄一は、パリの万国博覧会への使節団の一員としてヨーロッパを回り、欧州諸国の実情を学びました。[3]帰国後、栄一は日本初の株式会社となる**商法会所**（しょうほうかいしょ）と呼ばれる組織を設立しました。[4]栄一は明治政府に招かれ、大蔵省の一員として紙幣制度の改革に取り組みました。[5]日本初の銀行として**第一国立銀行**（現在のみずほ銀行）が設立されると、栄一は大蔵省を辞職し、銀行の経営に携（たずさ）わりました。[6]その後、栄一は日本銀行、三井銀行（現在の三井住友銀行）、東京株式取引所（現在の東京証券取引所）などの経営や創立に関わりました。[7]栄一は、生涯に約 500 もの企業の設立や経営に関わったといわれています。[8]渋沢栄一は、2024 年度から 1 万円札の表の図柄になることが発表されています。

74. Tsuda Umeko (1864 - 1929)

① *Tsuda Umeko* was born in
　　津田梅子　　　　　生まれた
1864 in the *Shinjuku* Ward of
　　　　　　　　　　　　　　区
present-day *Tokyo*. ② Umeko
現在の
joined the *Iwakura* Mission as
加わった　　岩倉使節団　　　　　〜として
one of the first 5 female
　　　　　　　初の　　女性の
international students from Japan and went over to the
留学生(←国際的な学生)　　　　　　　　　　　　渡った
U.S. ③ At this time, *Umeko* was 6 years old. ④ *Umeko*
アメリカ　このとき　　　　　　　　　　　　〜歳
spent 11 years in the U.S. and returned to Japan when
過ごした　　　　　　　　　　　　　　戻った
she was 17 years old. ⑤ *Umeko* had started to think that
　　　　　　　　　　　　　　〜し始めた　　　　考える
she wanted to work to raise the status of Japanese
　　　〜したい　　働く　　高める　　　地位
women. ⑥ In 1885, *Umeko* became a teacher at the
女性(複数形)　　　　　　　　〜になった　　教師
ピアレスィーズ
Peeresses' School and again studied abroad in the U.S.
華族女学校　　　　　　再度　留学した
while still belonging to the school. ⑦ Returning to Japan
〜ながら まだ 所属すること
after studying abroad for about 3 years, *Umeko* felt
　　　　　　　　　　　　　　　　　　　　　　　　　感じた
strongly about building a school for women's higher
強く　　　　　　つくること　　　　　　女子高等教育
education. ⑧ In 1900, *Umeko* founded Women's English
　　　　　　　　　　　　　　創設した　　女子英学塾

180

School in *Chiyoda* Ward in present-day *Tokyo*, making
that feeling a reality. ⑨*Umeko* passed away in 1929 at
the age of 64. ⑩Women's English School changed its
name to Tsuda University in 1948 as it remains to the
present. ⑪It was announced that *Tsuda Umeko* will be
on the front of the 5,000 yen note from the year 2024.

---

74. 津田梅子（1864 〜 1929 年）

①津田梅子は、1864 年に現在の東京都新宿区に生まれました。
②梅子は、1871 年、日本初の 5 人の女子留学生の一人として、
岩倉使節団に加わり、アメリカへ渡りました。③このとき、梅
子は満 6 歳でした。④梅子は、アメリカで 11 年を過ごし、17 歳
のときに帰国しました。⑤梅子は、日本の女性の地位を高める
ために働きたいと考えるようになっていました。⑥1885 年、梅
子は、華族女学校の教師となり、学校に在籍したまま再度アメ
リカに留学しました。⑦約 3 年間の留学を終え、日本に帰国し
た梅子は、女子高等教育のための学校をつくりたいという思い
を強くもちました。⑧梅子は 1900 年、現在の東京都千代田区に
女子英学塾を創設し、その思いを実現させました。⑨梅子は
1929 年に 64 歳で逝去しました。⑩女子英学塾は 1948 年に**津田
塾大学**と名前を変え、現在に至っています。⑪津田梅子は、2024
年度から **5 千円札**の表の図柄になることが発表されています。

75. Kawabata Yasunari (1899 - 1972)

① *Kawabata Yasunari* was
川端康成
born in 1899 in *Osaka* City.
生まれた
② After going to First Higher
第一高等学校
School (*ichiko*), he graduated
〜を卒業した
from *Tokyo* Imperial University's
東京帝国大学
department of Japanese literature. ③ While at university,
学科　　　　　　　　　　　文学　　　　　　〜の間
he published the 6th series of the *New Tides of Thought*
発刊した　　　　第6集　　　　　　　『新思潮』(←思想の新しい潮流)
journal with his classmates and *A View from Yasukuni*
雑誌　　〜と一緒に　　同級生　　　　　　『招魂祭一景』(←靖国の祭りからの景色)
Festival became the work that first brought him
〜になった　　　　　作品　　　　　初めて　もたらした
success. ④ *Yasunari* was recognized by *Kikuchi Kan*,
成功　　　　　　　　　認められた
becoming a member of the *Literary Spring and*
一員　　　　　　　　　　　『文藝春秋』
Autumn journal circle and entering the literary world.
団体　　　　〜に入った　　　文学の　　世界
⑤ In his early major work, *The Dancing Girl of Izu*, he
初期の　主要な　　　　　『伊豆の踊子』
showed the faint love between a First Higher School
描いた　　　淡い　恋　〜と…の間の
student and a traveling dancing girl. ⑥ *Snow Country*,
巡業している　　　　　　『雪国』
which showed the relationships between a man, a geisha
関係

182

named *Komako* and her younger sister, *Yoko* set in a
<u>～という名の</u>　　　　　　<u>妹</u>　　　　　　<u>～を舞台にした</u>

hot-springs town in snow country, is also one of
<u>温泉町</u>　　　　　　　　　　<u>～もまた</u>　<u>～の一つ</u>

Yasunari's major works. ⑦ In addition, he also left
　　　　　　　　　　　　　　<u>さらに</u>

behind such works as *Thousand Cranes*, *The Sound of*
<u>～を残した</u>　<u>…のような～</u>　<u>『千羽鶴』</u>　　　<u>『山の音』</u>

the Mountain, *The Lake*, and *The Old Capital*.
　　　　　　　<u>『みづうみ』</u>　　　<u>『古都』</u>

⑧ *Yasunari* was awarded the Nobel Prize in Literature
　　　　　　　<u>受賞した</u>　　　　　<u>ノーベル文学賞</u>

in 1968.

---

75. 川端康成 （1899 ～ 1972 年）

①<ruby>川端康成<rt>かわばたやすなり</rt></ruby>は、1899 年大阪市に生まれました。②第一高等学校（一高）を経て、東京帝国大学国文学科を卒業しました。③大学在学中に同級生らと第6次『新思潮』を発刊し、『招魂祭一景』が出世作となりました。④康成は、<ruby>菊池寛<rt>きくちかん</rt></ruby>に認められて『<ruby>文藝春秋<rt>ぶんげいしゅんじゅう</rt></ruby>』の同人となり、文壇に出ました。⑤初期の代表作『伊豆の踊子』では、一高生と旅芸人の踊り子との淡い恋を描きました。⑥雪国の温泉町を舞台に、男と芸者<ruby>駒子<rt>こまこ</rt></ruby>、その妹<ruby>葉子<rt>ようこ</rt></ruby>との人間関係を描いた『雪国』も、康成の代表作の一つです。⑦ほかにも『<ruby>千羽鶴<rt>せんばづる</rt></ruby>』、『山の音』、『みづうみ』『<ruby>古都<rt>こと</rt></ruby>』などの作品を残しました。⑧康成は、1968 年にノーベル文学賞を受賞しました。

76. Yoshida Shigeru (吉田茂)

Japan was defeated in the Pacific War in 1945, and it was occupied by the US.
1945 年、太平洋戦争で日本は敗れ、アメリカに占領されました。

Yoshida Shigeru became the foreign minister.　吉田茂は外務大臣となりました。

He became the prime minister, and worked on democratization.
吉田は首相となり、民主化政策を行ないました。

The Constitution of Japan was issued on November 3, 1946, and it went into effect on May 3, 1947.
日本国憲法が 1946 年 11 月 3 日に公布、翌年 5 月 3 日から施行されました。

After the Korean War broke out in 1950, he set up the National Police Reserve.
1950 年、朝鮮戦争が起こると、警察予備隊をつくりました。

In 1951, he took part in the San Francisco Peace Conference to make a peace treaty.
1951 年、サンフランシスコ講和会議に出席し、平和条約を結びました。

A security treaty was also made with the US at the same time.
同時に、日米安全保障条約も結ばれました。

The first state funeral was held for him after World War II.
吉田が亡くなると、戦後初の国葬が行なわれました。

77. Emperor Showa (1901 - 1989)

① Emperor *Showa* was born as
昭和天皇　　　　　　～として生まれた
the first son of then Crown
　　　　　　　　当時の嘉仁親王
Prince *Yoshihito* (Emperor
　　　　　　　　　　大正天皇
Taisho), and he was named

Hirohito.

② Although Emperor *Showa* faced various problems as
　　　　　　　　　～に直面した さまざまな問題
the emperor of the constitutional monarchy, he stayed
　　　　　　　立憲君主制
in a position to approve the decision of the government.
～する立場にとどまった ～を裁可する ～の決定　　　政府
③ However, it is said that, in no time, he ordered putting
　　　　　　　～といわれている すみやかに　　～を命じた ～の鎮圧
down the rioters in the February 26th Incident.
　　　暴徒　　　　　二・二六事件
④ Later, Japan broke into the Pacific War against US
　　　　　　　　～に突入した 太平洋戦争　　　　　アメリカ
and Great Britain. ⑤ War situation got worse for Japan,
イギリス　　　　　　　戦況　　　悪化した
and the US army dropped atomic bombs over
アメリカ軍　　　　　～に原爆を落とした
Hiroshima and *Nagasaki*. ⑥ In the Imperial Conference,
　　　　　　　　　　　　　　　　　　御前会議
the emperor decided to accept the Potsdam Declaration.
　　　　　　　　　　　　～を受諾する ポツダム宣言
⑦ Emperor *Showa* made a radio speech saying the war
　　　　　　　　ラジオでスピーチした　　　～という 戦争は終わった

was over.

⑧ The following year, the Humanity Declaration was
翌年　　　　　　　　　　　　　　人間宣言
made and he started to travel around Japan. ⑨ Emperor
全国巡幸
Showa took part in the annual Memorial Day
～に出席した　　　　全国戦没者追悼式
Ceremony every year, and he wanted to meet and talk

to people at the National Athletic Meet, the Garden
国民体育大会　　　　　　　　　　　　園遊会
Parties, and so on.

---

77. 昭和天皇（1901 ～ 1989 年）

①昭和天皇は、当時まだ皇太子だった嘉仁親王（大正天皇）の第
一皇子として生まれ、裕仁と命名されました。
②立憲君主制下の君主として昭和天皇は、さまざまな問題に直
面しながらも政府の決定を裁可する立場を取り続けました。
③しかし、二・二六事件が起きた際には、すみやかに暴徒を鎮
圧するよう命じたといわれています。
④やがて日本は、アメリカ・イギリスとの太平洋戦争へ突き進
みました。⑤戦局は悪化し、アメリカ軍により広島、長崎に原
爆が投下されました。⑥御前会議における天皇の聖断でポツダ
ム宣言の受諾が決定されました。⑦天皇は、終戦を告げる玉音
放送を行ない、国民に終戦を知らせました。
⑧終戦の翌年、人間宣言が出され、全国巡幸が開始されました。
⑨全国戦没者追悼式に毎年出席し、国民体育大会や園遊会など
の場で国民とふれ合うことを求めました。

78. Kurosawa Akira (1910 - 1998)

① *Kurosawa Akira* was one of the leading directors of post-war Japanese film and is a Japanese film director known worldwide. ② *Kurosawa Akira* was born in 1910 in *Tokyo*. ③ In 1936, he entered P.C.L. Studios (later merging with *Toho*). ④ During the war in 1943, he made his directorial debut with *Sanshiro Sugata*. ⑤ *Rashomon*, which was released in 1950, amazed the world with its original action and camerawork and won the Grand Prix at the *Venice International Film Festival. ⑥ In the 1950s, he released one masterpiece after another, such as *To Live*, which asked what the meaning of people's lives was, and *Seven Samurai*, which showed the standpoint and way of life in the Warring States period for samurai, farmers

*Venice：ベネチア（イタリアの都市名）のこと。「Venezia（ベネチア）」はイタリア語。

188

and wandering samurai as well as battles. ⑦He also

野武士(←放浪する侍)　　　〜や…　　　戦い　　　　〜も

released a series of hits in the 1960s, including *The*

一連の　　　　　ヒット　　　1960年代　　　〜を含む

Bodyguard, Sanjuro, High and Low, and *Red Beard.*

『用心棒』　　　　『椿三十郎』　　『天国と地獄』(←高いところと低いところ)　　『赤ひげ』

⑧*Kurosawa Akira* died in 1998 and in the same year,

死去した　　　　　　　　　同じ

became the first film director to receive the People's

〜になった　　初の　　　　　　　　受賞した　　　　国民栄誉賞

Honor Award.

---

78. 黒澤明 (1910〜1998年)

　①黒澤明は、戦後の日本映画を代表する監督の一人で、世界的に知られた日本人の映画監督です。②黒澤明は、1910年東京に生まれました。③1936年、ピー・シー・エル映画製作所（後に東宝と合併）に入社しました。④戦時中の1943年、『姿三四郎』で監督デビューを果たしました。⑤1950年に発表した『羅生門』は、斬新なアクションとカメラワークで世界に衝撃を与え、ベネチア国際映画祭グランプリを獲得しました。

　⑥1950年代には、人が生きる意味を問うた『生きる』や、戦国時代の侍、農民、野武士の立場や生き様、戦いを描いた『七人の侍』などの名作を次々と発表しました。⑦1960年代にも、『用心棒』、『椿三十郎』、『天国と地獄』、『赤ひげ』など、ヒット作を連発しました。⑧黒澤明は1998年に死去し、同年**映画監督**として初の**国民栄誉賞**を受賞しました。

79. Tanaka Kakuei (1918 - 1993)

① *Tanaka Kakuei* was born in
田中角栄　生まれた
a rural area of *Niigata* in 1918.
農村の　地帯
② After graduating from higher
〜を卒業した
elementary school, he moved
高等小学校　引っ越した
to *Tokyo* at the age of 15. ③ He
〜歳のとき
was first elected to *the lower house of the Diet in
初めて当選した　衆議院(←国会の下院)
1947. ④ In 1957, he first entered a cabinet as Minister of
入った　内閣　〜として
Posts and Telecommunications for the *Kishi Nobusuke*
郵政大臣
Cabinet. ⑤ In July of 1972, *Kakuei* took office as the
7月　就任した
prime minister. ⑥ In the same year, he announced a
内閣総理大臣　同じ　発表した
Japan-China Joint Communique with Premier Zhou
エンライ　日中同声明　〜と　周恩来首相
Enlai and was able to restore diplomatic ties between
〜することができた 回復させる 外交的な　関係　〜と…の間の
Japan and China. ⑦ He proposed a 'Plan for Remodeling
提案した　「日本列島改造論」
the Japanese Archipelago', but it failed as it caused a
アーキペラゴウ　失敗した　〜ので　引き起こした
sudden rise in land prices and soaring inflation.
高騰(←突然の上昇)　土地　価格　狂乱物価(←急激な物価の上昇)
⑧ *Kakuei* drew criticism for his 'money politics' and
招いた　批判　金権政治

*参議院はthe upper house of the Dietで表わす。

190

resigned from being prime minister at the end of 1974.
辞任した 〜の終わりに

⑨In 1976, he was charged on suspicion of receiving
起訴された 容疑 受け取ったこと

illegal donations from Lockheed and was found guilty
不正な 献金 ロッキード社 有罪判決を受けた

by the *Tokyo* District Court in 1983. ⑩He had a stroke
東京地裁 脳梗塞

in 1985 and died at the age of 75 in 1993.
死去した

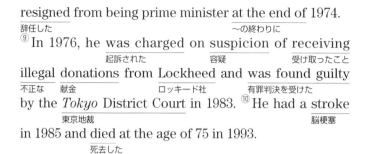

79. 田中角栄 （1918 〜 1993 年）

①田中角栄は、1918 年新潟県の農村地帯に生まれました。②高等小学校を卒業したのち 15 歳で上京しました。③1947 年の衆議院議員選挙で初当選しました。④1957 年、岸信介内閣の郵政大臣として初入閣を果たしました。⑤1972 年 7 月、角栄は内閣総理大臣に就任しました。⑥同年、周恩来首相とともに日中共同声明を発表し、日中国交正常化を実現しました。⑦角栄は、「日本列島改造論」を唱えましたが、地価高騰や狂乱物価を招いて破綻しました。⑧角栄の金権政治が批判を浴び、1974 年末に首相を辞任しました。⑨1976 年にはロッキード社からの不正献金容疑で起訴され、1983 年に東京地裁で有罪判決を受けました。⑩1985 年に脳梗塞を発症し、1993 年に 75 歳で死去しました。

80. Nakasone Yasuhiro (1918 - 2019)

① *Nakasone Yasuhiro* was born
中曽根康弘　　　　　　　　　生まれた
in 1918 in *Gunma*. ② After

graduating from *Tokyo* Imperial
～を卒業した　　　　　　東京帝国大学
University (present-day *Tokyo*
　　　　　現在の　　　　　　　　東京大学
University), he entered the
　　　　　　　　　　　　　　入った
Ministry of Home Affairs. ③ He was elected to the lower
内務省　　　　　　　　　　　　　　　　当選した
house of the Diet in 1947 and went into politics. ④ He
衆議院(←国会の下院)　　　　　　　～に入った　　　政界
stood out within the *LDP, and took office as prime
頭角を現した　～の中で　　　　　　自由民主党　　就任した　　　～として
minister in 1982. ⑤ The *Nakasone* Cabinet was able to
内閣総理大臣　　　　　　　　　　　　　内閣　　　～することができた
privatize the Japanese National Railways, the Nippon
民営化する　　　国鉄
Telegraph and Telephone Public Corporation, and the
電電公社
Japan Tobacco and Salt Public Corporation. ⑥ In 1985,
日本専売公社
he made *the first official visit to *Yasukuni* Shrine as a
　　　　　　初の　　公式の　　　訪問　　靖国神社
prime minister. ⑦ With U.S. President Reagan, he built
　　　　　　　　～と　アメリカの レーガン大統領　　　築いた
an alliance known as the "Ron-Yasu" relationship.
同盟　　　知られる　　　　　　　　　　　関係
⑧ He won a landslide victory of over 300 seats at the
獲得した　圧倒的勝利　　　　　　～を超える　　議席

192

double elections of both houses of the Diet in 1986, but
<u>ダブルの</u>　<u>選挙</u>　　　<u>両方の</u>

he tried to introduce a sales tax and earned the distrust
　<u>～しようとした</u> <u>導入する</u>　　<u>売上税</u>　　　<u>得た</u>　　　<u>不信</u>

of the people, resigning in 1987. [9] He retired from
　　　　　　　<u>辞任した</u>　　　　　　　<u>引退した</u>

politics in 2003 and passed away in 2019 at the age of
　　　　　　　<u>逝去した</u>　　　　　　　　<u>～歳のとき</u>

101.

*LDP：Liberal Democratic Party（自由民主党）の略。
*靖国神社への公式参拝： 過去の不幸な戦争の精神的支柱とされる靖国神社への首相の公式参
　拝については、以降も議論されている。

80. 中曽根康弘（1918～2019年）

①中曽根康弘は、1918年に群馬県に生まれました。②東京帝国大学（現在の東京大学）を卒業後、内務省に入省しました。③1947年の衆議院議員選挙に当選し、政界に入りました。④自由民主党内で頭角を現し、1982年、内閣総理大臣に就任しました。⑤中曽根内閣では、**国鉄・電電公社・日本専売公社の民営化**を実現しました。⑥1985年には、首相として初の**靖国神社公式参拝**を行ないました。⑦アメリカのレーガン大統領とは「ロン・ヤス」関係と呼ばれる盟友関係を築きました。⑧1986年の衆参ダブル選挙では、300議席を超える大勝を収めましたが、売上税の導入をはかって国民の不信をかい、1987年に退陣しました。⑨2003年に政界を引退し、2019年、101歳で逝去しました。

81. Matsushita Konosuke (1894 - 1989)

① *Matsushita Konosuke* was
松下幸之助
born in 1894 in *Wakayama* to a
生まれた
farming family. ② After being
農家   送られた
sent to *Osaka* at the age of 9 for
                        ～歳のとき
an *apprenticeship, *Konosuke*
丁稚奉公(←見習いの身分)
entered *Osaka* Electric Light Company (present-day
入った   大阪電灯   現在の
Kansai Electric Power Company). ③ In 1918, he founded
関西電力   創業した
Matsushita Electric Housewares Manufacturing Works
松下電気器具製作所
(later *Matsushita* Electric Industrial Company, present-
のちの 松下電器産業
day Panasonic), which made sockets. ④ *Konosuke* had
       パナソニック   ソケット
great success making bicycle battery lamps, electric
成功   自転車用電池ランプ   電気アイロン
irons, and so on. ⑤ By adopting a business division
～など   取り入れること   事業部
system, a chain of retail shops system, a one price
制度   チェーン 小売店   正価販売制
policy, and more, he proceeded with reducing prices
(←1つの価格の方針) そしてさらに～   ～を進めた   下げること
due to mass production and expanding the sales
～によって 大量生産   拡充すること   販売網
network, allowing *Matsushita* Electric Industrial
           ～が…するのを可能にした

*apprentice：work under a master to learn a trade

194

Company to grow into a top-tier corporation.
　　　　　成長する　　　　　超一流の　　企業

⑥ *Matsushita Konosuke* was called the "God of
　　　　　　　　　　　　　　　　〜と呼ばれた　　　　　　　　神様

Management," and his talents were highly regarded.
経営　　　　　　　　　　　　　　　　才能　　　高く評価された

⑦ *Konosuke* launched the PHP Institute in 1946 and
　　　　　　　立ち上げた　　　　PHP研究所

also undertook cultural activities, such as founding the
〜もまた 行なった　　文化的な　　活動　　　〜などの

Matsushita Institute of Government and Management
松下政経塾

in 1979.

---

81. 松下幸之助 (1894 〜 1989 年)

①松下幸之助は、1894 年、和歌山県の農家に生まれました。
②幸之助は、9 歳で大阪に丁稚奉公に出た後、大阪電灯（現在
の関西電力）に入社しました。③1918 年、ソケットの製造を
行なう松下電気器具製作所（のちの**松下電器産業**、現在のパナ
ソニック）を創業しました。④幸之助は、自転車用電池ランプ、
電気アイロンなどを製造し、大成功を収めました。⑤事業部制、
連盟店制、正価販売制などを取り入れ、大量生産によるコスト
切り下げや、販売網の拡充を進め、松下電器産業を超一流企業
に成長させました。⑥松下幸之助は、「**経営の神様**」と呼ばれ、
その手腕は高く評価されました。⑦幸之助は、1946 年に PHP
研究所を立ち上げ、1979 年には**松下政経塾**を創設するなど、
文化的な活動も行ないました。

82. Tezuka Osamu (1928 - 1989)

① *Tezuka Osamu* was the
手塚治虫
leading pioneer of Japanese
先頭に立つ 開拓者
manga and anime. ② *Osamu* was

born in *Toyonaka* City in *Osaka*
生まれた
and grew up in *Takarazuka* City
育った
in *Hyogo*. ③ *Osamu*, who loved insects, took his pen
昆虫
name from the beetle named *osamushi* (carabid
ペンネーム   甲虫類   ～という名の   治虫
beetle) and added the kanji for insect onto his name.
加えた   ～に
④ He made his debut as a manga artist with the four-
果たした   デビュー ～として 漫画家   ～で
panel comic strip named *Diary of Ma-chan* while
四コマ漫画(←四コマの続き漫画)   『マアチャンの日記帳』   ～の間に
enrolled at *Osaka* Imperial University's medical
～に在学している   大阪帝国大学附属医学専門部
school. ⑤ In the 1950s, he was serialized in a comic
1950年代   連載された   漫画雑誌
magazine where he made such hits as *Astro Boy*,
…のような～ ヒット   『鉄腕アトム』(←宇宙少年)
Jungle Emperor Leo, and *Princess Knight*. ⑥ In 1963,
『ジャングル大帝』(←ジャングル大帝レオ)   『リボンの騎士』(←王女の騎士)
he produced Japan's first animated TV show, *Astro*
制作した   初の   テレビアニメ
Boy, which has had a great effect on anime production
影響   制作

to this day. [7] Sending off such hits as *Black Jack*,
送り出した　　　　　　　　　　　　　　　　　　『ブラック・ジャック』

Buddha, *Phoenix*, and *Message to Adolf* one after
『ブッダ』　『火の鳥』　　　　『アドルフに告ぐ』(←アドルフへのメッセージ)　次々と

another, he was called the "God of Manga." [8] *Tezuka*
　　　　　　　　　～と呼ばれた　　　　　神様

Osamu has influenced many manga artists, including
　　　　　影響を与えた　　　　　　　　　　　　　　～を含む

Fujiko Fujio, Ishinomori Shotaro, Akatsuka Fujio,

and *Yokoyama Mitsuteru*.

---

82. 手塚治虫 （1928 ～ 1989 年）

[1] 手塚治虫は、日本の漫画・アニメを開拓した第一人者です。
[2] 治虫は、大阪府豊中市に生まれ、兵庫県宝塚市で育ちました。
[3] 治虫の本名は「治」で、昆虫好きだった治は、甲虫類のオサムシから、ペンネームを「治虫」にしました。 [4] 大阪帝国大学附属医学専門部在学中に4コマ漫画『マアチャンの日記帳』で漫画家デビューを果たしました。 [5] 1950年代には漫画雑誌に連載をもち、『鉄腕アトム』『ジャングル大帝』、『リボンの騎士』などのヒット作を手がけました。 [6] 1963年、日本初のテレビアニメ『鉄腕アトム』を制作し、現在に続くアニメ制作に大きな影響を及ぼしました。 [7] 『ブラック・ジャック』、『ブッダ』、『火の鳥』、『アドルフに告ぐ』などのヒット作を次々と送り出し、「マンガの神様」といわれました。 [8] 手塚治虫は、藤子不二雄、石ノ森章太郎、赤塚不二夫、横山光輝など、数多くの漫画家に影響を与えました。

83. Misora Hibari (1937 - 1989)

① *Misora Hibari* (real name 美空ひばり 本当の 名前

Kato Kazue) was born in 1937 加藤和枝 生まれた

in the *Isogo* Ward of *Yokohama* 区

City. ② In 1949, she was only 12 わずか

years old when she made her ~歳 果たした

record debut with *Kappa Boogie-Woogie*. ③ *The Sad* レコード デビュー ~で 『河童ブギウギ』 『悲しき口笛』

Whistle, a movie in which she starred, was a big hit, 映画 主演した ヒット

and her theme song for it also sold well, making *Hibari* 主題歌 ~もまた 売れた よく ~を…にした

widely known by the Japanese people. ④ The footage of 広く知られる 映像(←映画の一連の画面)

Hibari singing with a top hat and a swallow-tailed coat 歌うこと ~を身に着けて シルクハット 燕尾服

in this movie is still used today as iconic footage of いまだに使用される ~として 象徴的な

Hibari. ⑤ *Hibari* went on to release many hit songs, 続けて~した 発売する

including *Tokyo Kid*, *The Forked Apple Path*, *Number* ~を含む 『東京キッド』 『リンゴ追分』 『港町十三番地』

13, *Port Town*, *Fragile*, *Sad Sake*, *I Have Fallen Love* 『柔』 『悲しい酒』 『おまえに惚れた』

with You, *Brilliant Love*, and *Tangled Hair*. ⑥ In 『愛燦燦』 『みだれ髪』

January of 1989, *Like the Flow of the River* was 1月 『川の流れのように』

198

released and became her last single. [7] *Hibari* died in
May of 1989 at the age of 52. [8] *Hibari* was active at the
forefront of Japanese popular music over a 40-year
span, and she is called the "Diva of the *Showa* era." [9] In
1989, *Hibari* became the first woman to receive the
People's Honor Award.

83.　美空ひばり（1937～1989年）

[1] 美空ひばり（本名は加藤和枝）は、1937年横浜市磯子区に生まれました。[2] 1949年、『河童ブギウギ』でレコードデビューしたときは、わずか12歳でした。[3] 主演映画『悲しき口笛』が大ヒットし、主題歌も売れ、ひばりは広く国民に知られるようになりました。[4] この映画で、ひばりがシルクハットに燕尾服姿で歌う映像は、ひばりを代表する映像として現在も使用されています。[5] ひばりは、これ以降、『東京キッド』、『リンゴ追分』、『港町十三番地』、『柔』、『悲しい酒』、『おまえに惚れた』、『愛燦燦』、『みだれ髪』など数多くのヒット曲を出しました。[6] 1989年1月に『川の流れのように』が発売され、最後のシングル作品となりました。[7] ひばりは、1989年5月、52歳で死去しました。[8] ひばりは、40年にわたって日本歌謡界の第一線で活躍し、「昭和の歌姫」と呼ばれています。[9] 1989年、ひばりは**女性初の国民栄誉賞**を受賞しました。

監 修 者

中西康裕（なかにし　やすひろ）
1957年大阪府生まれ。
関西学院大学・同大学院を経て、現在、関西学院大学文学部教授。
文化歴史学科にて日本古代史を研究。古代国家の成立過程や古代
の基本史料六国史の検討、河内の歴史の解明を主に研究している。
著書に『意外に面白い！簡単に理解できる！英語対訳で読む日本の歴
史』（実業之日本社／監修）、『続日本紀と奈良朝の政変』（吉川弘文
館）ほかがある。

英 文 監 訳 者

Gregory Patton（グレゴリー・パットン）
1965年米国ワシントンD.C.生まれ。コロラド大学卒業後来日、英会話
学校講師を経て、現在、公立小・中学校外国語講師。
著書に『意外に面白い！簡単に理解できる！英語対訳で読む日本の歴
史』（実業之日本社／英文監訳）などがある。

※本書は小社刊『英語対訳で読む日本史の有名人』を加筆・再編集したものです。

じっぴコンパクト新書　385

こんなに面白い！　らくらく理解できる！
新版 英語対訳で読む日本史の有名人
Famous People in Japanese History in Simple English（New Edition）

2021年 2月10日　初版第1刷発行

監修者……………中西康裕
英文監訳者………Gregory Patton
発行者……………岩野裕一
発行所……………株式会社実業之日本社
〒107-0062
東京都港区南青山5-4-30
CoSTUME NATIONAL Aoyama Complex 2F
電話（編集）03-6809-0452
　　　（販売）03-6809-0495
https://www.j-n.co.jp/
印刷・製本所………大日本印刷株式会社

©MY PLAN 2021 Printed in Japan
ISBN978-4-408-33953-5（新企画）
本書の一部あるいは全部を無断で複写・複製（コピー、スキャン、デジタル化等）・転載することは、法律で定められた場合
を除き、禁じられています。また、購入者以外の第三者による本書のいかなる電子複製も一切認められておりません。落
丁・乱丁（ページ順序の間違いや抜け落ち）の場合は、ご面倒でも購入された書店名を明記して、小社販売部あてにお送
りください。送料小社負担でお取り替えいたします。ただし、古書店等で購入したものについてはお取り替えできませ
ん。定価はカバーに表示してあります。
小社のプライバシー・ポリシー（個人情報の取り扱い）は上記ホームページをご覧ください。